INTERNATIONAL
ORGANIZATIONS
SURVEYS

南方共同市场

MERCADO COMÚN DEL SUR

王飞 著

社会科学文献出版社
SOCIAL SCIENCES ACADEMIC PRESS (CHINA)

出版说明

　　自 20 世纪 90 年代以来，世界格局和形势发生重大变化，国际秩序进入深刻调整期。世界多极化、经济全球化、文化多样化、社会信息化加速发展，而与此同时，地缘冲突、经济危机、恐怖威胁、粮食安全、网络安全、环境和气候变化、跨国有组织犯罪等全球性问题变得更加突出，在应对这些问题时以联合国为中心的国际组织起到引领作用。特别是近年来，逆全球化思潮暗流涌动，单边主义泛起，贸易保护升级，以维护多边主义为旗帜的国际组织的地位和作用更加凸显。

　　作为发展中大国，中国是维护世界和平与发展的重要力量。对于世界而言，应对人类共同挑战，建设和改革全球治理体系，需要中国的参与；对于中国而言，国际组织不仅是中国实现、维护国家利益的重要途径，也是中国承担国际责任的重要平台。考虑到国际组织作为维护多边主义和世界和平与发展平台的重大作用，我们决定在以介绍世界各国及国际组织为要旨的《列国志》项目之下设立《国际组织志》子项目，将"国际组织"各卷次单独作为一个系列编撰出版。

　　从概念上讲，国际组织是具有国际性行为特征的组织，有广义、狭义之分。狭义上的国际组织仅指由两个或两个以上国家（或其他国际法主体）为实现特定目的和任务，依据其缔结的条约或其他正式法律文件建立的有一定规章制度的常设性机

构，即通常所说的政府间国际组织（IGO）。这样的定义虽然明确，但在实际操作中对政府间国际组织的界定却不总是完全清晰的，因此我们在项目运作过程中参考了国际协会联盟（Union of International Associations，UIA）对国际组织的归类。除了会籍普遍性组织（Universal Membership Organizations）、洲际性组织（Intercontinental Membership Organizations）和区域性组织（Regionally Defined Membership Organizations）等常见的协定性国际组织形式外，UIA把具有特殊架构的组织也纳入政府间国际组织的范围，比如论坛性组织、国际集团等。考虑到这些新型国际组织数量增长较快，而且具有灵活、高效、低成本等优势，它们在全球事务中的协调作用及影响力不容忽视，所以我们将这些新型的国际组织也囊括其中。

广义上的国际组织除了政府间国际组织之外，还包括非政府间的国际组织（INGO），指的是由不同国家的社会团体或个人组成，为促进在政治、经济、科学技术、文化、宗教、人道主义及其他人类活动领域的国际合作而建立的一种非官方的国际联合体。非政府间国际组织的活动重点是社会发展领域，如扶贫、环保、教育、卫生等，因其独立性和专业性而在全球治理领域发挥着独特作用。鉴于此，我们将非政府间的国际组织也纳入《国际组织志》系列。

构建人类命运共同体，建设持久和平、普遍安全、共同繁荣、开放包容、清洁美丽的世界，是习近平总书记着眼人类发展和世界前途提出的中国理念，受到了国际社会的高度评价和热烈响应。中国作为负责任大国，正以更加积极的姿态参与推动人类命运共同体的建设，国际组织无疑是中国发挥作用的重要平台。这也是近年来我国从顶层设计的高度将国际组织人才培养提升到国家战略层面，加大国际组织人才培养力度的原因所在。

《国际组织志》丛书属于基础性研究，强调学术性、权威性、应用性，作者队伍由中国社会科学院国际研究学部及国内各高校、科研机构的专家学者组成。尽管目前国内有关国际组织的研究已经取得了较大进步，但仍存在许多亟待加强的地方，比如对有关国际组织制度、规范、法律、伦理等方面的研究还不充分，可供国际事务参与者借鉴参考的资料还很缺乏。

正因为如此，我们希望通过《国际组织志》这个项目，搭建起一个全国性的国际组织研究与出版平台。研究人员可以通过这个平台，充分利用已有的资料和成果，深入挖掘新的研究课题，推进我国国际组织领域的相关研究；从业人员可以通过这个平台，掌握国际组织的全面资料与最新资讯，提高参与国际事务的实践能力，更好地在国际舞台上施展才能，服务于国家发展战略；更重要的是，正在成长的新一代学子可以通过这个平台，汲取知识，快速成长为国家需要的全球治理人才。相信在各方的努力与支持下，《国际组织志》项目必将在新的国际国内环境中体现其独有的价值与意义！

新版《列国志》与《国际组织志》联合编辑委员会
2018 年 10 月

CONTENTS
目 录

CONTENTS
目 录

CONTENTS

目 录

CONTENTS

目 录

CONTENTS

目　录

导　言

　　南方共同市场（Mercado Común del Sur，简称 Mercosur 或 Mercosul）是一个完全由发展中国家组成的共同市场，也是南美洲地区（以下简称"南美"）最大、影响范围最广的经济一体化组织。1991 年签订的《亚松森条约》（Treaty of Asuncion）和 1994 年签订的《欧鲁普雷图议定书》（Oropreto Protocol）① 是南方共同市场成立的纲领性文件。阿根廷、巴西、乌拉圭、巴拉圭 4 个南美洲国家于 1991 年 3 月 26 日组建成立这一区域性经济合作组织，1995 年 1 月 1 日正式启动。南方共同市场的官方语言是西班牙语和葡萄牙语。2006 年，作为巴拉圭第二官方语言的瓜拉尼语成为南方共同市场的官方语言之一。由于南方共同市场的 4 个初始成员国在地理上由北向南呈锥体，因此该区域集团又被称为"南锥体共同市场"。2006 年，南方共同市场正式批准委内瑞拉成为其成员国。南方共同市场成员国中经济规模最大的是巴西，其领土面积是阿根廷的 3 倍、委内瑞拉的 9 倍、巴拉圭的 21 倍和乌拉圭的 48 倍。巴西的国内生产总值和制造业总产值分别占整个南方共同市场的 70% 和 80%。

　　南方共同市场的宗旨是通过有效利用资源、保护环境、协调宏观经济政策、加强经济互补、促进成员国的科技进步和实现经济现代化，进而改善人民生活条件，推动拉丁美洲和加勒比地区（以下简称"拉美"）的经济、政治和文化一体化进程。因此，自南方共同市场成立以来，除经济领域外，各国还签署了移民、劳工、文化和社会事务等方面的诸多协定。南方

---

　　① 原文参见 http：//www. mercosur. int/innovaportal/file/3878/1/1994 ＿ protocoloouropreto ＿ es. pdf。

共同市场成立之初，4个成员国经济总量占南美地区的75%，人口总量的60%以及65%的领土面积。南方共同市场自成立以来，经历了多次变革。当前，它是一个完全关税同盟（Customs Union）和贸易集团（Trading Bloc）。

截至2018年底，南方共同市场的正式成员国为阿根廷、巴西、巴拉圭、乌拉圭、委内瑞拉和玻利维亚，联系国为智利、秘鲁、哥伦比亚、厄瓜多尔、苏里南、圭亚那。观察员国是新西兰和墨西哥。厄瓜多尔于2013年正式申请入市。2016年12月，巴西、阿根廷、乌拉圭和巴拉圭四国以委内瑞拉未按时将南方共同市场有关规定纳入国内法为由中止其正式成员国资格。2017年8月，上述四国决定根据《乌斯怀亚议定书》（Ushuaia Protocol）无限期中止委内瑞拉成员国资格，直至该国"完全恢复民主秩序"。截至2018年底，玻利维亚加入南方共同市场的程序尚未完成。南方共同市场的总部设在乌拉圭首都蒙得维的亚，它是乌拉圭全国政治、经济、交通和文化中心，是乌拉圭最大的海港。

表0-1　南方共同市场成员国概况 *

国家	人口	面积 **	GDP ***	人均 GDP ***	主要出口品	主要贸易伙伴
巴西	20947 万	850.2 万	18690 亿	8920	制成品、咖啡等农产品	中国、美国、阿根廷
阿根廷	4449.5 万	279.2 万	5184.8 亿	11652	食品和活动物、矿石燃料、谷物、机械设备	巴西、美国、中国
乌拉圭	344.9 万	17.6 万	596 亿	17278	肉、油籽、木材、谷物	中国、巴西、阿根廷
巴拉圭	695.6 万	40.7 万	408.4 亿	5871	矿物燃料、油籽、肉、谷物	巴西、阿根廷、中国
委内瑞拉	2887 万	91.2 万	4213.9 亿 ****	16054 ****	矿物燃料	美国、中国、巴西

注：* 数据更新至2018年；** 平方公里；*** 现价美元；**** 2014年数据。

资料来源：世界银行数据库，https://data.worldbank.org/country；联合国商品贸易数据库，https://comtrade.un.org/db/dqBasicQuery.aspx。

第一章

南方共同市场的诞生与发展

第一节　拉丁美洲一体化发展趋势

第二次世界大战特别是冷战结束以来，各国经济的相互依赖日益加深，全球经济一体化趋势加强，经济全球化逐渐成为世界各国发展进程中的焦点。拉丁美洲①是世界上最早开展区域经济合作和一体化运动的地区，为发展中国家之间开展南南合作、寻求集体自力更生提供了有力的理论依据和丰富的实践经验。

一　拉丁美洲一体化思想的形成与发展

拉丁美洲地区的一体化思想起源于 19 世纪南美独立运动领袖西蒙·玻利瓦尔（Simon Bolivar）提出的"美洲主义"。早在 1815 年，拉丁美洲独立运动先驱玻利瓦尔即在著名的《牙买加来信》中描绘了建立统一美洲国家——"拉丁美洲联盟"（Confederación Latinoamericana）的构想，这可视为联邦主义一体化思想在拉丁美洲的萌芽。玻利瓦尔伟大构想的精髓是倡导美洲大陆的团结，联合各个国家一同反对殖民主义，维护美洲国家的独立。他认为，拉丁美洲各国在历史、语言、宗教、风俗习惯、利益等方面存在共同点，只有依靠共同的力量才能获得生存和发展。虽然玻利瓦尔的美洲主义理想与实践由于缺乏经济社会条件而未能实现，但是其关

---

① 如无特别说明，本书中的拉丁美洲实际上包括拉丁美洲和加勒比地区 33 个独立国家和一些未独立的地区。

于政治上团结联合、经济上合作发展的思想成为拉丁美洲一体化理论的思想基础，同时也是拉丁美洲一体化理论的巨大财富。①

拉丁美洲是世界上一体化运动最早付诸实践的地区，1826年，在西蒙·玻利瓦尔的建议下，刚刚独立的大哥伦比亚、墨西哥和危地马拉的代表举行了著名的巴拿马大会，讨论并通过了建立美洲国家联盟的基本原则。在玻利瓦尔的推动下，1819年，委内瑞拉、新格拉纳达和厄瓜多尔成立了大哥伦比亚共和国（1819～1830年）。1823年，中美洲地区也曾成立中美洲联邦共和国（1823～1840年）。虽然两个联邦国家均未能维持多久便告解体，但玻利瓦尔的美洲主义思想一直鼓舞着拉美人民不断推进一体化运动。

第二次世界大战之后，拉丁美洲一体化思想受到西方传统经济一体化理论和欧盟一体化进程实践的影响。根据传统的西方经济一体化理论，经济一体化程度由低到高可以分为优惠贸易安排、自由贸易区、关税同盟、共同市场、经济联盟和全面一体化六个层次。1958年创建的欧洲经济共同体，为拉丁美洲国家的一体化进程提供了借鉴。

1948年2月，联合国拉丁美洲和加勒比经济委员会（简称"拉美经委会"，ECLAC）成立。以阿根廷著名经济学家劳尔·普雷维什（Raul Prebisch）为代表的一批拉丁美洲地区的经济学家制定了一整套有关拉丁美洲经济发展道路、方针和政策的理论，即发展主义理论（亦称"拉美经委会主义"或"结构主义"）。在这一理论的指导下，拉丁美洲地区整体进入了"进口替代工业化"（Import Substitution Industrialization）时期。在进口替代工业化战略的影响下，20世纪50～60年代以来的拉丁美洲一体化实践具有鲜明的保护主义色彩，侧重于南南合作，强调经济自立、自救、集体自力更生，努力形成小地区市场，目标是实现工业化和壮大民族经济。该理论认为，拉丁美洲国家工业化面临国内市场狭小的限制，许多耐用消费品必须大规模生产，但囿于各国居民收入偏低，本国市场难以满足生产的需要，因此工业发展受到限制。在此思想的指导下，20世纪50

---

① Peter Coffey, *Latin America-Mercosur*, Massachusetts：Kluwer Academic Publishers, 1998, p. 1.

年代，拉美经委会制定了通过经济一体化推动地区工业化的方案。拉美经委会指出，拉丁美洲无论得到多大规模的外部援助，不管其出口增长率多高，除非它不断努力在其领土内建立目前急需的资本货物工业，并且发展创办这些高度复杂的工业所必需的一切中间产品，否则将不能贯彻其发展计划，实现经济赶超。[1] 拉美经委会经济一体化理论是第二次世界大战后拉丁美洲经济民族主义思潮的反映，而发展主义的形成和出现则是二战后拉丁美洲国家争取民族独立和经济独立的自然产物。

20 世纪 90 年代以来，区域经济一体化在全球范围内向更深层次和更广范围发展，拉丁美洲地区的经济一体化也进入了一个蓬勃发展的新时期。由拉美经委会提出的"开放的地区主义（Open Regionalism）"成为这一时期拉丁美洲一体化运动的指导思想。在深刻反思长期进口替代工业化战略的基础上，该理论重视市场的作用并倡导出口导向，强调形式灵活多样。

"开放的地区主义"体现了区域内国家之间的互利互惠和对区域外的低度保护，具有开放性和兼容性双重特点，包括 9 个方面的内容：第一，各国都应实行以市场的全面自由化为目标的改革；第二，开放商品和服务市场，分阶段逐步实现商品和服务贸易自由化；第三，自由贸易协定应稳定、广泛、灵活，与关税和贸易总协定等国际协定相一致，并能够兼容地区内不同协议；第四，一体化组织的成员国应协调宏观经济政策，并尽量保持经济发展稳定；第五，减少对相对欠发达国家的保护，并采取刺激性财政政策，促进这些国家的改革和发展；第六，加强成员国的基础设施建设，同时改进区域内的支付制度，制定完整的支付协议，降低交易成本，为一体化的推进提供更好的保障；第七，减少对区域外竞争者的贸易歧视，并逐步实现共同对外关税；第八，推动部门合作，制定相关的合作协议，促进先进技术的转移和传播；第九，为了吸引各个社会部门积极参与一体化进程，应采取灵活的制度安排，降低行政成本。[2]

---

[1]　ECLAC, *The Latin American Common Market*, Santiago, Chile, 1959, p. 1.
[2]　CEPAL, *El Regionalismo abierto en America Latina y el Caribe*, Santiango de Chile, 1994.

1994 年，拉美经委会发表了题为《拉丁美洲和加勒比的开放性地区主义》的报告，提出把"开放的地区主义"作为指导拉丁美洲一体化的思想原则。同时，该报告还提出三方面的主张：一是打破把地区作为国内市场补充的观念，强调开拓国际市场，把地区市场作为通向国际大市场的桥梁；二是注重出口，强调通过一体化进程，带动拉丁美洲和加勒比各国的产业结构调整和生产专业化，更好地融入世界产业链，实现参与国际市场竞争的目标；三是主张拉丁美洲和加勒比地区一体化必须在开放、自由和全球化的前提下，以投资、市场和优惠条件为动力，不断增强经济上的相互依存性。拉美经委会同时认为，"开放的地区主义"必备以下几个条件：商品和服务部门实行广泛的市场自由化；加入一体化组织的国家应努力使其经济实现稳步增长，并强化区域性机制在弥补国际收支赤字和避免宏观经济失衡方面的作用；制定并实施灵活而开放的部门协定，以加快国际性技术转移。这些条件不仅明确地体现了拉丁美洲"开放的地区主义"的开放和自由原则，也表明未来拉丁美洲和加勒比一体化的进程将朝着提升经济竞争力的方向发展。

二 拉丁美洲一体化组织的建立与发展

第二次世界大战后，拉丁美洲地区国家开始强调一体化。这些国家一体化的目标不是国家间的政治联合或者是从意识形态上与美欧分离，而是解决经济困境，向前推进进口替代工业化。由于缺乏政治目标和政治保证，拉丁美洲的一体化实际上只是经济一体化。拉丁美洲地区的经济一体化发展自 20 世纪 50 年代起步以来，大致经历了六个阶段：20 世纪 50 年代之前是一体化的准备阶段；20 世纪 50 ~ 70 年代是一体化的开始和发展阶段；20 世纪 80 年代是一体化的停滞甚至倒退阶段；20 世纪 90 年代是一体化重新活跃期；进入 21 世纪到 2008 年是一体化碎片化和整合期；2009 年后是一体化的重构期。

20 世纪 50 年代之前，拉丁美洲国家的领导人和学者认识到如果国内市场不扩大，仅仅依靠工业化战略无法实现经济起飞。因此，区域内的各个国家联合起来实现一体化，是发展本国经济、实现国家现代化、摆脱对西方大国的依附、增强地区各国政治和经济独立的必由之路。在联合国拉美经委会一体化思想的影响下，一些相邻的拉丁美洲国家通过区域经济合作加强了经济联系。较早的有 1948 年巴拿马、哥伦比亚、委内瑞拉和厄瓜多尔拟定的《关税同盟计划》，1949 年巴西和阿根廷签订的《自由贸易和工业补充协议》，1949 年乌拉圭提出的成立拉丁美洲经济合作组织的建议；等等。这些均为拉丁美洲地区经济一体化奠定了基础。

　　20 世纪 50~70 年代，拉丁美洲一体化组织开始建立和发展，中美洲国家最为活跃。1951 年，中美洲 5 国成立了中美洲经济合作委员会。①1958 年，危地马拉、洪都拉斯、萨尔瓦多和尼加拉瓜签署了《中美洲自由贸易和经济一体化多边条约》以及《中美洲一体化协定》，要求在条约正式生效时对本地区 237 组商品免征关税，并在 10 年内扩大到本地区的全部产品。1960 年 12 月，拉丁美洲一体化协会（ALADI）成立，这使拉丁美洲成为世界上最早推出和实行一体化的地区。1960 年，拉丁美洲地区已经建立了两个不同的经济一体化组织，一个是拉丁美洲自由贸易协会（LAFTA），成员国包括墨西哥、阿根廷、玻利维亚、巴西、智利、哥伦比亚、厄瓜多尔、巴拉圭、秘鲁、乌拉圭和委内瑞拉等国家。另一个是中美洲共同市场（CACM），成员国有 5 个，分别是哥斯达黎加、萨尔瓦多、危地马拉、洪都拉斯和尼加拉瓜。1965 年，加勒比自由贸易协会（CARIFTA）成立，最初的成员国包括安提瓜和巴布达、巴巴多斯、圭亚那。这些英国前殖民地试图通过逐步降低关税壁垒、取消进口限制以及成员国之间自由交换劳工，达到最终实现自由贸易的目标。1969 年，由阿根廷、巴西、玻利维亚、乌拉圭和巴拉圭组成的非正式一体化机构——《拉普拉塔河流域协定》成立。该协定的目的是协调各国在河流流域地区资源开发。同样在 1969 年，拉丁美洲自由贸易协会（LAFTA）的若干国家宣布成立一个小的一体化组织——安第斯集团，成员国包括哥伦比亚、秘鲁、委内瑞拉、玻利维亚和厄瓜多尔 5 个国家。安第斯集团是

---

　　①　成员国包括哥斯达黎加、危地马拉、洪都拉斯、尼加拉瓜、萨尔瓦多。

拉丁美洲地区第一个具有经济联盟性质的区域一体化组织。20世纪70年代成立的一体化组织有加勒比共同体①（CCMC）（1973年7月）、拉丁美洲经济体系（LAES）（1975年10月）和亚马孙合作条约（TCA）（1978年7月）。

20世纪80年代，拉丁美洲经历了"失去的十年"，一体化发展停滞，甚至出现倒退。各个一体化组织的成员国在制定共同目标、协调相互利害关系等方面不断出现矛盾，使大多数一体化组织的活动明显减少，内部矛盾加剧：中美洲共同市场因成员国之间的纠纷、政局动荡和地区政治冲突等原因失去了最初的发展势头；拉丁美洲自由贸易协会的活动几乎陷于停顿状态；② 安第斯集团在实现共同的工业计划方面遇到了强大的阻力；加勒比共同市场各国之间也出现了问题。在此背景下，拉丁美洲地区的内部贸易下降，一体化组织成员国之间贸易额占地区内总贸易的比重也迅速下降。整个拉丁美洲地区出现了对一体化运动信心不足的担忧，一体化进程陷入危机。

20世纪90年代，拉丁美洲一体化重新活跃起来。东欧剧变标志着第二次世界大战后形成的两极格局正式结束，世界进入新时期。经济全球化大趋势以及拉丁美洲各国普遍实行的对外开放和贸易自由化政策为拉丁美洲地区经济合作带来了全新的理念，经历了危机的拉丁美洲各国希望通过合作恢复经济，参与国际市场竞争。各国从实际情况出发，以更加灵活的方式、更加务实的态度指导和部署行动，地区一体化形式丰富、效率提高。1990年，中美洲共同市场恢复，并于1992年从关税同盟升级成自由贸易区，积极同北美和欧盟开展合作。拉丁美洲一体化协会（ALADI）也

---

① 成员国最初包括巴巴多斯、圭亚那、特立尼达和多巴哥及牙买加，秘书处设在圭亚那首都乔治敦。
② 1980年6月，拉丁美洲自由贸易协会（LAFTA）被改建为拉丁美洲一体化协会（ALADI）。一方面，虽然建立自由贸易区的概念保留下来，但它以新的一体化模式代替了自由贸易模式，成员国之间签署了大量的双边条约代替多边条约，促进了地区内贸易发展和地区关税优惠区的建立，南方共同市场也从其中蜕变而来。

逐步恢复了活力，其职能也发生了改变。除原有的安第斯集团①（LCA）外，拉丁美洲一体化协会内部又先后出现了南方共同市场、里约集团、3国集团（墨西哥、委内瑞拉、哥伦比亚）、加勒比国家联盟以及部分成员国之间签署的多项双边合作协定。各个成员国之间组成的小地区集团和双边合作使拉丁美洲一体化协会被架空。尤其是阿根廷、巴西、乌拉圭和巴拉圭4国组成的南方共同市场，体现出较快的发展势头。南方共同市场是拉丁美洲地区第一个成功的区域一体化集团。事实上，在南方共同市场成立之前，拉丁美洲国家在一体化方面的所有尝试均不成功，过高的期望使一体化的初衷被歪曲。②

　　进入21世纪到2008年全球金融危机爆发，拉丁美洲的地区一体化出现了次区域一体化集团的分化和重组，一体化发展呈现碎片化。其中，各国在能源合作、货币和金融一体化等方面取得新的突破。拉美国家在探索地区一体化的道路上，尝试了多种合作模式和途径，并且这一进程与美国所主导的自由贸易进程或"美洲自由贸易区"计划相互影响，形成了多层次、多领域、多模式的复杂格局，这一格局的构成主要包括巴西主导的南美洲国家联盟（UNASUR），委内瑞拉和古巴主导的美洲玻利瓦尔替代计划，墨西哥－中美洲合作进程。这三大进程之间相互作用，并没有因为大一统的地区组织和体制的建立而消失，出现有分有合的局面。委内瑞拉主张以南南合作完全替代南北合作，提出以"美洲玻利瓦尔替代方案"替代"美洲自由贸易区计划"，通过贸易、能源、农业、通信等方面的合作实现拉丁美洲国家的大联合。巴西倡导以区域内自由贸易为目标的南南合作。与此同时，有的国家则更倾向于南北合作，主张融入由美国主导的、旨在实现自由贸易的西半球一体化。

　　全球金融危机之后，拉丁美洲地区的一体化发展重新焕发生机。2011年4月，秘鲁、智利、哥伦比亚、墨西哥四国总统在秘鲁首都利马

---

① 1996年，安第斯集团更名为安第斯共同体，成员为秘鲁、哥伦比亚、委内瑞拉、玻利维亚和厄瓜多尔（委内瑞拉于2006年退出）。

② Jeffrey W. Cason, *The Political Economy of Integration: The Experience of Mercosur*, New York: Routledge, 2011, p. 28.

举行峰会，签署《太平洋协定》，宣布建立拉美太平洋联盟。2012 年 6 月，拉美太平洋联盟在智利举行第四届峰会并通过《拉美太平洋联盟框架协议》。拉丁美洲地区最富经济活力的国家以实现区内货物、服务、资本和人员自由流通为主要目标，促进成员国经济社会发展，提升整体竞争力，搭建面向世界特别是亚太地区的经济和贸易一体化平台。2012 年，涵盖拉丁美洲和加勒比地区全部 33 个独立国家的拉丁美洲和加勒比国家共同体（CELAC）正式成立。拉丁美洲和加勒比国家共同体成立之初，强调将继续推动现有的地区和次地区一体化组织在经贸、生产、社会、文化等领域加强对话与合作，制定地区统一发展议程，打造拉丁美洲一体化合作的最高机制。2013 年，拉丁美洲和加勒比国家共同体智利峰会进一步明确拉丁美洲和加勒比国家共同体立足于多边主义和互补原则推进地区一体化进程。在 2015 年结束的拉丁美洲和加勒比国家共同体古巴峰会上，各方共同呼吁要按照拉丁美洲解放者和先驱们的理念推进地区一体化，要求该地区的一体化组织加强协调配合，减少政策缺失或重叠对地区整体一体化进程的影响。2014 年 5 月 8 日，联合国拉美经委会在秘鲁发表的《地区一体化——迈向包容性产业链的战略》报告中提到目前对拉丁美洲一体化有利的因素。经济方面的有利因素有生产效率增长、规模型经济初显成效、内部市场不断扩容、经济互补性强等，政治方面的有利因素有内部形势趋于缓和、更强的抵御外部冲突能力、可以更好地利用世界经济的各种有利条件（如已经开始协同应对气候变化、提高国家对自然资源的管理等）。①

第二节　南方共同市场的成立

南方共同市场在成立之时，阿根廷、巴西、巴拉圭和乌拉圭是完全成员国，并吸收玻利维亚和智利作为合作成员国，曾一度构成世界上第三大

---

① *La Integración Regional*：*Hacia una Estrategia de Cadenas de Valor Inclusivas*，p. 105，CEPAL，http：//www. cepal. org/publicaciones/xml/5/52745/Integracionregional. pdf.

贸易集团（前两位是北美自由贸易区和欧盟）和第二大共同市场（仅次于欧盟）。1991 年的《亚松森条约》确定了南方共同市场的目标，1994年的《欧鲁普雷图议定书》规定了其组织结构。

一　南方共同市场的一体化基础

南方共同市场成员国在实现经济一体化方面具有得天独厚的地理优越性。其 4 个成员国阿根廷、巴西、巴拉圭和乌拉圭地理上呈锥体状分布，故有时也被称为"南锥体共同市场"。巴拉圭和乌拉圭均与阿根廷和巴西接壤，地理上的连通性是实现经济一体化的重要因素，它为货物的进出和人员的往来提供了方便条件。巴西和阿根廷两个大国的经济重心区域相连。巴西的经济重心是以圣保罗为中心的东南部，这里集中了巴西的基础工业部门和新兴工业部门，因此圣保罗被誉为巴西经济发展的火车头。阿根廷的经济中心在巴拉那－拉普拉塔河西南一侧的沿岸地区，这里是阿根廷人口和工农业生产集中地区，也是全国的商业和金融中心。其中心城市布宜诺斯艾利斯、罗萨里奥，以及圣菲和科尔多瓦一带，被看作以圣保罗为动力源的巴西中－南部大工业区的延伸和扩展。阿根廷和乌拉圭在历史上有过政治意义的联合，1810 ~ 1880 年作为普拉图河联合省（United Province of the River Plate）的一部分。[①]

南方共同市场成员国都是拉丁美洲一体化协会、拉丁美洲经济体系的成员国。历史上这些国家都有实现经济一体化的良好愿望，但由于地缘政治因素和历史渊源，一体化进程缓慢。1969 年 4 月，阿根廷、巴西、玻利维亚、乌拉圭和巴拉圭 5 个国家在巴西首都巴西利亚成立了拉普拉塔流域组织，其宗旨是共同利用这一水域的水利资源，促进各个成员国在运输、水力发电、地区工业、教育等方面的合作。20 世纪 70 年代末期，由于巴西和阿根廷都面临经济困难，双方都迫切要求加强合作，改变长期对峙的局面。1979 年 10 月，阿根廷、巴西和巴拉圭 3 国在巴拉圭的斯特罗斯纳港签署了《伊泰普－科尔普斯协定》，不仅解决

---

① 　左品:《南方共同市场经济一体化研究》，博士学位论文，南京大学，2011，第 40 ~ 41 页。

了两国在建设水电站问题上的分歧，还消除了两国历史上长期形成的相互敌对的情绪，开启了建立一体化组织的大门。[①] 这一时期，巴西和阿根廷两个国家的合作虽然停留在桌面上，但是包含经济、水资源共享、边境冲突解决、核武器等内容的合作为日后两国的经济和政治合作奠定了初步基础。

地理分布使南方共同市场成员国在一体化方面形成了一定的经济互补。阿根廷、巴西、巴拉圭与乌拉圭4国在经济上各有优势，经济结构存在一定互补性。南方共同市场两个主要成员国巴西和阿根廷是南美洲两个最大的国家，拥有较大的消费市场。巴西位于南美洲东部，不仅国土面积居4个国家之首，而且自然资源与矿产十分丰富，锰、铁、铀等矿产储量均居世界前列。阿根廷位于南美洲最南端，气候分明，其北部属热带气候，中部为亚热带气候，南部属温带气候。南部、西部和东北部分别有巴塔戈尼亚高原、安第斯山区和巴西高原的延伸带，中部与东北部分别有潘帕斯大草原和查科平原。阿根廷也因此具有发展农牧业所需的有利自然条件，其全国土地的49.1%为牧场，10.7%为耕地，拥有高度发达的出口导向型的农业部门，是小麦、玉米以及肉类的主要生产和出口国。巴拉圭经济主要依靠农牧业和林业，肉类是主要出口品，约占其出口总额的1/3，它也是世界上大豆出口大国之一。作为拉丁美洲地区两个没有出海口的内陆国家之一，巴拉圭希望进一步扩大对外贸易。乌拉圭经济以畜牧业为主，主要出口羊毛、肉类以及皮革。经过战后以来的工业化进程，巴西和阿根廷基本建立起较为完全的工业体系。其中，巴西是拉丁美洲工业体系最为完整的国家之一。巴西的钢铁工业、汽车业、纺织业以及航天航空工业和军火工业等均很发达，不仅在拉丁美洲国家居于首位，而且在全球也占据重要地位。阿根廷的原子能等工业在世界相应领域也有较高的地位。[②]

---

① 徐宝华、石瑞元：《拉丁美洲地区一体化进程——拉丁美洲国家进行一体化的理论和实践》，社会科学文献出版社，1996，第119页。

② 左品：《南方共同市场经济一体化研究》，博士学位论文，南京大学，2011，第41页。

　　巴西农业产品主要为咖啡、大豆、麦子、大米、玉米、甘蔗、可可、柑橘和牛肉。工业品主要包括纺织品、鞋、化工产品、水泥、木材、钢材、航行器、汽车等。阿根廷的主要出口产品包括食用油、燃料、谷物、饲料和机动车等，进口产品则主要包括机械装备、汽车、化工产品、金属产品和塑料。乌拉圭的人口和面积都比阿根廷和巴西小得多，但其服务业非常发达，种植业主要生产大米、大麦、小麦、玉米，畜牧业和渔业也比较发达。乌拉圭的工业部门主要集中在食品加工、电力、机械、运输工具、石油产品、纺织品、化学品以及饮料等部门。巴拉圭的主要工业是电力工业，主要出口电力、大豆、棉花、饲料、肉和食用油，主要进口交通工具、资本货物、烟草、石油产品和电力机械。

　　阿根廷和巴西由于拥有相对先进的生产条件，产品具有较强的竞争力，可获得较大的贸易优势。巴拉圭是南方共同市场中工业化程度最低的国家，仍属农业国。介于阿根廷和巴西之间的乌拉圭则属于中等发展水平。尽管阿根廷和巴西在汽车等领域存在激烈竞争，但是 4 个成员国之间经济相互依存性的不断加强也使得区域经济合作成为可能。阿根廷向巴西提供以小麦为主的温带农产品，巴西向阿根廷提供咖啡和香蕉等热带农产品。巴西发达的制造业有其他三国的广阔市场，阿根廷的自然资源和农产品也在巴西找到了市场。乌拉圭与阿根廷之间的贸易联系历史悠久。乌拉圭的服务业特别是金融服务部门有很多阿根廷消费者，巴拉圭的电力工业也满足了阿根廷和巴西的能源需要。受法国和德国积极领导欧盟一体化的影响，巴西和阿根廷产生了建立共同市场的初衷。阿根廷想要扩大其对巴西的小麦和牛肉出口，巴西则希望扩大对阿根廷的资本货物出口。

　　南方共同市场成员国之间互为主要贸易伙伴。2017 年，阿根廷是巴西第三大出口目的地，巴西则是阿根廷第一大出口目的地；巴西和阿根廷是巴拉圭的前两大出口目的地，是乌拉圭第二大和第四大出口目的地。此外，中国、美国、荷兰、智利也是南方共同市场成员国的主要出口对象国（见表 1 - 1）。

表 1 - 1   南方共同市场成员国主要出口对象国（2017 年）

国家	前五大出口对象国
巴西	中国、美国、阿根廷、荷兰、日本
阿根廷	巴西、美国、中国、智利、越南
乌拉圭	中国、巴西、美国、阿根廷、荷兰
巴拉圭	巴西、阿根廷、智利、俄罗斯、土耳其

资料来源：联合国贸发会议（UNSTAD）数据库，https：//unctadstat. unctad. org/CountryProfile/GeneralProfile/en - GB/076/index. html。

二　南方共同市场早期的一体化尝试

早在 20 世纪初，阿根廷、巴西和智利就曾提出关于签署一个三边经济合作协定的构想。尽管有学者认为这是地区一体化进程的基础，但南方共同市场的起源纯粹是双边的。[①] 阿根廷和巴西自 20 世纪 40 年代开始就一直进行着一体化项目合作的努力。1941 年 11 月 25 日，在巴西的力推下，巴西和阿根廷签署了《拉普拉塔河协议》，双方初步就建立关税同盟达成一致。但随后由于日本偷袭珍珠港，西半球被迫卷入第二次世界大战，该协议未得到落实。20 世纪 50 年代早期，时任巴西总统热图利奥·瓦加斯（Getúlio Vargas）和时任阿根廷总统胡安·庇隆（Juan Perón）重新开始一体化协定的对话。1958 年，时任巴西总统儒塞利诺·库比契克（Juscelino Kubitschek）提出"泛美行动"[②]（Operación Panamericana），旨在重新规划南北美洲关系，试图建立新的"西半球团结"。在这一思想的

[①] Andrew F. Cooper and Agata Antkiewicz, *Emerging Powers in Global Governance：Lessons from the Heiligendamn Process*, Wilfrid Laurier University Press, 2008.

[②] "泛美行动"主要内容体现在 1958 年签署的《巴西利亚宣言》中，西半球 21 国签署该宣言。宣言主要内容包括重申西半球团结原则，将应对欠发达作为各国共同目标，成立新的泛美机构，提升各国生产率，采取措施稳定基本产品价格，扩充国际金融机构资源，鼓励私营企业参与国家经济活动，重新评估财政和经济政策以促进国民经济发展。此后，美洲国家组织内部成立了"21 国委员会"，旨在跟踪西半球发展政策执行情况。

指导下，美洲开发银行于 1959 年成立。1962 年，古巴导弹危机的爆发深刻改变了国际形势，"泛美行动"最终未能取得实质性进展。

1961 年，时任阿根廷总统阿图罗·弗朗迪西（Arturo Frondizi）和时任巴西总统雅尼奥·夸德罗斯（Jânio Quadros）在政治磋商、经济一体化和民族的自由流动方面达成协议，为双方实现合作提供了暂时的可行性。1967 年，时任巴西总统阿图尔·达科斯塔·伊·席尔瓦（Artur da Costa e Silva）提议与阿根廷建立一个部门性的关税同盟。[1] 1975 年，乌拉圭率先与巴西和阿根廷分别签署了《乌拉圭–巴西扩大贸易议定书》和《乌拉圭–阿根廷经济合作协议》，通过这两个协议，乌拉圭与巴西和阿根廷的贸易实现大幅增长。[2] 1979 年，巴拉圭与巴西和阿根廷签署三方协议，彻底解决了三国由于伊泰普水电站水利资源分配引发的矛盾。上述协议从机制上保障了乌拉圭、巴拉圭、阿根廷、巴西之间基本的政治互信和正常的经贸往来。

1980 年，阿根廷和巴西两国进行总统会晤，签署了一系列合作协议，标志着两国关系进入了一个新的合作阶段。这次总统会晤中的一个主要成果就是达成核协议，它为达成双边谅解建立了互信基础。两国核发展计划不再被认为是对彼此的威胁。[3] 同年，还有其他有助于双方互信的协定被签署，其中就包括签署汽车工业的补充协定。同时，双方还进行了大量的磋商，如关于军用飞机和火箭的共同建设、两国选举制度的互相联系等。在外交方面，双方还签署了建立两国外长之间长期政治协商的谅解备忘录。

阿根廷（1983 年）和巴西（1985 年）军政府陆续垮台、重新回归民主化，两国之间的合作开始加速。阿根廷–巴西经济一体化项目

---

① 左品：《南方共同市场经济一体化研究》，博士学位论文，南京大学，2011，第 43 页。

② José Manuel García de la Cruz, Javier Lucena, Angeles Sáncehz y Daniel Gayo, "*La Integración Productiva en MERCOSUR: Orientaciones para la Unión Europea*," *Serie Avances de Investigación*, No. 41, CeALCI, Fundación Carolina, 2010, Madrid, p. 17.

③ Karen L. Retnmer, "Does Democracy Promote Interstate Cooperation? Lessons from the Mercosur Region," *International Studies Quarterly*, 1998, p. 43.

（Argentine Brazilian Economic Integration Program，ABEIP），规定两国总统每半年进行一次会晤，具体的合作模式采取部门渐进的方式。① 时任阿根廷总统劳尔·里卡多·阿方辛（Raúl Ricardo Alfonsín）和巴西总统若泽·萨尔内（José Sarney）均将 ABEIP 视为巩固各自国内民主政治的有效渠道。② ABEIP 项目以经济合作为主，但是在此基础上暗含有政治目标，其中之一就是两国都需要巩固各自国内尚不完善的民主政治。③ 在经济方面，AEBIP 的贡献是管理了两国之间的双边贸易，但是开放贸易的最初目标未能实现，关税并未下降。此外，该项目是国家层面的倡议，私人部门并未参与其中。1983 年 11 月，阿方辛就任阿根廷总统后，把与巴西关系的和解作为外交政策主要目标，并强调阿根廷和巴西之间实现政治合作和经济一体化是创造南锥体国家民主共同体的关键因素。1984 年 1 月，两国签署了一项旨在恢复双方贸易关系的意向书，同意进行"和谐互利的、遵守国际协议和各国法律的、不断增长的贸易"，并恢复自 1979 年起中断活动的巴西 – 阿根廷合作特别委员会。

1985～1991 年是南方共同市场筹备的关键阶段，其发展轴心——阿根廷和巴西的民主体制日趋巩固，双方政治互信加深，两国在核问题方面的合作协议更提升了政治互信度，这些都进一步降低了双方以武力解决冲突的可能性。乌拉圭、巴拉圭、巴西、阿根廷之间的经济联系也通过各种协定日益紧密。1985 年 5 月，阿根廷和乌拉圭签订了《经济互补协议》，决定增加两国之间的贸易。1985 年 11 月，阿根廷和巴西联合发表《伊瓜苏声明》，决定成立以外交部为首、两国官方和实业界代表组成的经济合作与双边一体化混合委员会，促进两国关系的深入发展，这成为南方共同市场建立的重要基础。伊瓜苏会谈是

---

① 这一合作模式的构想源于阿根廷总统阿方辛，在其任期内，经济一体化是阿根廷政府的重要工作内容之一。

② Manzetti, L., "Argentine-Brazilian Economic Integration: An Early Appraisal," *Latin American Research Review*, Vol. 35, No. 4, 1990, pp. 109 – 140.

③ 事实上，在 ABEIP 建立时，阿方辛就明确表示，该项目具有开放性，但是加入成员必须是民主国家，因此智利希望加入的尝试因其当时仍被皮诺切特所统治而被阿根廷拒绝。

"加强阿巴关系政治意图的表现"，该声明的发表被视为阿根廷和巴西正式开始双边一体化的标志。1986 年 7 月，阿根廷和巴西发表了《一体化纪要》和 12 项议定书，同时还制定了《经济合作和一体化规划》，启动了一个建立在部门间协议基础上的一体化和经济合作的项目。两国合作的领域涉及资本货物、能源、生物技术、核能、小麦、钢铁、金融、交通运输等关键部门。1986 年 8 月，巴西和乌拉圭签署了《扩大贸易纲要》。1987 年 12 月，阿根廷和巴西又签署了《民主、和平和发展纪要》和 20 项双边合作文件。① 在签订了一系列有关降低关税和工业补充条款后，阿根廷和巴西之间的一体化合作进入正常化阶段。《经济合作和一体化规划》作为两国在资本货物、食品、技术合作以及钢铁、核和汽车工业等领域签署部门协议的指导，同时强调两国部门之间的贸易平衡，以减少两国企业的顾虑。1988 年 4 月，乌拉圭正式加入了巴西和阿根廷的谈判中，三国总统在巴西利亚签署了《黎明宫纪要》，提出了建立南方共同市场的主张。1988 年 11 月，萨尔内总统访问阿根廷，阿根廷和巴西于 11 月 29 日签署了《巴西 - 阿根廷一体化、合作和发展条约》，并于 1989 年 8 月 23 日正式生效，同时决定邀请乌拉圭加入。②

《巴西 - 阿根廷一体化、合作和发展条约》的最终目的是巩固两国之间的经济合作与加快一体化进程，反映了两国领导人维护经济一体化、反对潜在阻碍的一种政治决心。同时，它也为双方进一步推动一体化进程制定了重要的指导路线。该条约确定了建立南方共同市场的两个阶段：第一阶段是在最多不超过 10 年的时间内，通过对附加条款的磋商，逐步取消地区内商品和劳务的关税和非关税贸易壁垒，协调关税、贸易、科技等政策，同时进行财政、货币和资本流动等宏观经济政策协调；第二阶段开始

---

① Gian Luca Gardini, "Two Critical Passages on the Road to Mercosur," *Cambridge Review of International Affairs*, Vol. 18, No. 3, 2005, pp. 410 - 411.

② Lia Vails Pereira, "Toward the Common Market of the South: Mercosur's Origins, Evolution, and Challenges," *Mercosur Regional Integration*, *World Market*, Lynne Rienner Publishers, Inc 1999, p. 9.

为建立共同市场而协调其他经济政策。① 美国布什总统的"美洲倡议"②
宣布后，阿根廷和巴西决定提前实现此前的计划。

1990 年 6 月，时任巴西外交部长弗朗西斯科（Francisco）和阿根廷
外交部长卡瓦略（Carballo）就两国建立共同市场进行讨论。同年 7 月，
巴西和阿根廷两国总统签署了《布宜诺斯艾利斯条约》（Buenos Aires
Act），根据国际形势的变化，两国希望在 1994 年底建立共同市场，并在
2000 年实现制度层面的一体化。《布宜诺斯艾利斯条约》是对 1986 年制
订的《经济合作和一体化规划》（PICE）的巩固与发展。1990 年 12 月 30
日，阿根廷和巴西签署了《部分领域经济互补协定》，确定了减免关税的
具体计划和平衡贸易的事项。同时，乌拉圭和巴拉圭两国正式宣布加入正
在磋商之中的阿根廷和巴西共同市场，四国总统于 1991 年 3 月 26 日在巴
拉圭首都签署了《亚松森条约》，该条约于 1991 年 11 月 29 日生效，目标
是在 1994 年 12 月 31 日建成南方共同市场，这标志着南方共同市场从双
边市场走向多边市场。4 国逐步减免关税，修正和补充各国的有关立法，
协调外贸、农业、工业、货币等方面的政策，统一制定对第三国或其他国
家集团的关税和贸易政策。

三 南方共同市场成立及过渡期

20 世纪 80 年代后期，阿根廷和巴西均经历了一段通货膨胀率高企和
经济政策频繁变动的时期，经济不稳定使两国之间的一体化进程受到威
胁。直到 1991 年，新上任的阿根廷总统卡洛斯·萨乌尔·梅内姆
（Carlos Saúl Menem）和巴西总统费尔南多·科洛尔·德梅洛（Fernando
Collor de Mello）重新积极推进两国之间的一体化进程。这一次，两国之
间的一体化更加重视"市场友善（market-friendly）"。1991 年 3 月 26

---

① Gian Luca Gardini, "Two Critical Passages on the Road to Mercosur," *Cambridge Review of
International Affairs*, Vol. 18, No. 3, 2005, pp. 413 – 414.

② 1990 年 6 月 27 日，美国总统布什提出了"开创美洲事业倡议"，希望与拉丁美洲国家建
立"新的经济伙伴关系"，表明美国对拉丁美洲的政策从安全问题转到经济问题。

日，阿根廷、巴西、乌拉圭和巴拉圭四国总统签署了《亚松森条约》[1]，明确了1994年12月31日建立南方共同市场的目标，并规定1991年11月29日（条约生效日）起至1994年12月31日（正式生效日）为过渡期。《亚松森条约》的主要目标是"社会公平下的经济发展"。该条约为南方共同市场的最终建立规定了三个阶段：1991～1994年建成自由贸易区，1995年建成关税同盟，最终目标是建立共同市场并实行共同对外关税。

南方共同市场在过渡期的主要任务包括：建立个别部门政策合作及宏观经济协调的机制，确保国内公平竞争；在敏感部门如汽车行业达成协议；设定一个争端解决机制的目标时间；等等。成员国被要求建立一个永久性的制度机构，职责包括决策程序制定和承担各自的责任。在过渡期内，南方共同市场在共同政策、规则和制度上的成果并不多。但是考虑到国家之间的差异性以及相互独立的关系，南方共同市场在区域内的关税减让方面还是取得了一定的突破。[2] 1992年6月，签署《亚松森条约》的4国领导人在阿根廷的拉斯莱尼亚斯（Las Leñas）进行了会晤，再次确定了在1994年底之前实现完全自由贸易和建立共同对外关税两大目标。此次峰会，仅在贸易领域达成协定，而社会、规则以及制度建设等更高级层面的议题并不是此次峰会的主要内容。

《亚森松条约》内容非常简单，仅包括24个条款和5个附件，主要规定了实现条约所追求的目标和原则的基本方法。该条约的主要内容包括降低关税、宏观经济政策合作、建立共同对外关税、优化生产部门的使用和实现规模经济、建立解决贸易争端制度机构。[3] 条约还为南方共同市场制定了两个重要原则：一是实行"开放的地区主义"；二是南方共同市场

---

① 具体内容参见附录（二）。

② 例如，在汇率制度上，1991～1994年阿根廷实行"货币局制度"，而巴西是浮动汇率制，因此巴西的出口较为有利。

③ 左品：《南方共同市场经济一体化研究》，博士学位论文，南京大学，2011，第48页。

将体现作为南锥体国家发展的一个联合体的政治重要性。[①]《亚松森条约》还包括 5 个附件，附件一中列出了地区内贸易的关税降低计划，要求每六个月实现一定数量的降低关税目标直到自由贸易区完全建立。其中，阿根廷和巴西于 1994 年 12 月 31 日之前建成自由贸易区，乌拉圭与巴拉圭于 1995 年底建成自由贸易区。成员国之间除了在自由贸易区建成时间不同外，还有一系列例外清单，这主要针对乌拉圭和巴拉圭两国的敏感货物，获得了更为宽限的时间。其他 4 个附件则集中在原产地规则、争端解决机制、保障条款、共同市场组织等次工作组织建立。

从 1995 年 1 月 1 日起，南方共同市场确立了共同对外关税，建立了关税同盟。由于各国的贸易结构存在较大差异，在共同关税的确定上，巴西和阿根廷均做出了让步。于是，南方共同市场决定通过过渡期逐渐达成一体化。过渡期内的一体化措施主要涉及关税内容，同时在宏观经济政策和相关制度建设方面进行了初步尝试。具体包括五个方面：一是逐步降低关税，自 1991 年 11 月 29 日起，4 个成员国在相互贸易中先降低 47% 的关税，到 1991 年 12 月 31 日再降 7%，到 1994 年底降为零，并且取消非关税壁垒和其他贸易限制；二是允许各国建立例外清单，并规定每年减少项目数的 20%，逐步取消，巴西和阿根廷在 1994 年底、乌拉圭和巴拉圭在 1995 年底全部取消例外清单；三是确立对外共同关税，目标为 6% ~ 20%，并且协调成员国在地区和国际论坛上的立场；四是协调成员国的宏观经济政策和部门政策，强调技术进步有限，以保证缔约国的产品质量和国际竞争力；五是缔约国承诺协调和补充有关法规，加强一体化进程。在过渡期内，缔约国采取"一般性产地制度"、"解决争端制度"和"保证条款制度"，由四国外交部长加以协调。四国在整顿和调整国内经济、促进地区贸易、克服分歧和障碍、推动一体化计划方面取得了显著的成绩。

经过过渡期内几年的共同努力，成员国逐步达成了建立共同市场的基

[①] Edgardo Buscaglia and Clarisa Long, "An Economic Analysis of Legal Integration in Latin America," *Policy Studies Review*, Summer/Autumn 1998, p. 70.

础。1994 年 12 月 17 日，在巴西欧鲁普雷图（Ouro Preto）召开的南方共同市场第 6 次共同市场理事会通过了《欧鲁普雷图议定书》①。该议定书作为《亚松森条约》的补充，标志着南方共同市场过渡期的结束。《欧鲁普雷图议定书》确定 1995 年 1 月 1 日建立关税同盟（当时计划完全意义上的关税同盟要到 2006 年实现），将对 88% 的货物实行共同关税。考虑到成员国不同的生产结构，在共同关税方面仍然存在一些例外。首先是资本货物、计算机和电信部门。由于生产的不平衡，阿根廷和巴西之间的矛盾十分突出。阿根廷认为保持其资本货物在国际市场上的价格竞争力是加速阿根廷工业现代化的一个有效手段，因此 1980 年之后阿根廷的贸易策略是消除进口关税和保护国内工业。由于阿根廷不生产计算机产品，因此它在资本货物和计算机产品上实行零关税。但是，巴西作为南方共同市场内部唯一的计算机生产商和最大的资本货物生产国，并不愿意在这些领域实行零关税，而且实行零关税的成本也非常高。根据《欧鲁普雷图议定书》，南方共同市场内资本货物在 2001 年将实行 14% 的平均关税，2006 年将对计算机和电信产品实行 16% 的关税。其次是关税一体化。内部共同市场调整体系在 1999 年 1 月对阿根廷和巴西到期，一年后对乌拉圭和巴拉圭到期。此外，成员国内部的汽车和糖业部门也签订了特别协议，阿根廷和巴西到 2000 年采取共同关税政策，乌拉圭和巴拉圭则推迟到 2001 年。②

过渡期也是南方共同市场的"黄金发展"期，贸易额迅速增加、外国直接投资飞速增长、巴西和阿根廷均实现了经济稳定。1986 年，南方共同市场区域内贸易占总贸易量的比重不到 9%，1994 年提高到 19%，1995 年增加到 20.5%。③尤其是对于巴西来说，1991～1994 年其出口总额的年均增长率为 11%，而对其他南方共同市场国家出口总额的年均增

---

① 也被称为《黑金城议定书》。
② Andres Malamud，"Mercosur Turns 15：Between Rising Rhetoric and Declining Achievement"，*Cambridge Review of International Affairs*，Vol. 18，No. 3，2005，p. 423.
③ Peter Coffey，*Latin America-Mercosur*，Kluwer Academic Publishers，1998，p. 60.

长率达到 37%。① 在过渡期内，4 国还签署了关于直接投资的两项条约，目的是保证成员国在区域内投资的国民待遇。

四　初步评估

从南方共同市场成立的初衷来看，阿根廷将自己定位成剩余农产品的出口国，巴西则视自己为制成品的出口国，乌拉圭因具有受教育程度较高的劳动力而定位为南方共同市场的服务业中心，巴拉圭则定位成能源的供给方。4 个初始成员国基于各自比较优势，建立起来坚实的合作基础。② 南方共同市场成立之初，得益于各成员国的大量投入，内部贸易及贸易争端解决机制进展较为迅速，但非经济领域的合作进展较慢。南方共同市场发展的终极目标，即货物、服务、劳工和资本的自由流动较少涉及。因此，尽管贸易和经济领域获得了收益，南方共同市场在制度建设方面较为落后。

（一）经济收益大

南方共同市场的成立促进了成员国之间贸易量的增加和经济的增长（见表 1-2）。1990~1995 年，阿根廷经济增速从 1982~1989 年的 -0.7% 提高至 5.2%，1991 年和 1992 年甚至实现了连续两年两位数的增长。在此期间，各国的出口增速也实现了较大幅度的增长，巴拉圭成为 1990~1995 年出口增速最高的国家。南方共同市场正式启动后，成员国之间的贸易额随之持续上升，由 1990 年的 41 亿美元上升到 1994 年的 114 亿美元，增长 1.78 倍，而向其他地区的出口增长了 28.66%。1995 年南方共同市场内部贸易额达 150 亿美元，占拉丁美洲区域内贸易总额的 41%，对外贸易总额达 1500 多亿美元，约占拉丁美洲外贸总额的 1/3。1996 年 4 国之间的贸易总额达 160 亿美元，显示出强劲的活力与巨大潜力。

---

① Riordan Roett, *Mercosur*: *Regional Integration*, *World Markets*, London: Lynne Rienner Publishers, London, 1999, p. 13.

② Peter Coffey, *Latin America-Mercosur*, Massachusetts: Kluwer Academic Publishers, 1998, p. 9.

表 1 - 2　1982 ~ 1995 年南方共同市场国家的经济增速和出口增速

单位：%

年份	阿根廷		巴西		巴拉圭		乌拉圭	
	GDP	出口	GDP	出口	GDP	出口	GDP	出口
1982 ~ 1989	- 0. 7	4. 0	3. 1	7. 6	2. 1	13. 0	0. 0	3. 4
1990 ~ 1995	5. 2	9. 2	1. 9	4. 7	3. 2	14. 3	3. 4	7. 9
1990	- 2. 4	18. 0	- 4. 3	- 4. 9	3. 1	19. 6	0. 3	13. 7
1991	12. 7	- 3. 6	1. 3	6. 6	2. 5	7. 4	3. 5	2. 7
1992	11. 9	- 1. 0	- 0. 5	10. 4	1. 8	- 4. 1	7. 9	9. 1
1993	5. 9	4. 0	4. 9	10. 2	4. 1	39. 6	2. 7	8. 6
1994	5. 8	15. 3	5. 9	7. 7	3. 1	6. 5	7. 3	15. 1
1995	- 2. 8	22. 5	4. 2	- 1. 4	4. 7	16. 9	- 1. 4	- 1. 9

　　资料来源：世界银行数据库，http://data. worldbank. org/。

　　南方共同市场成立初期，出口增长最显著的是初级能源产品,[1] 其次是劳动密集型产品和农业半成品，工业制成品出口的相对比例较低。南方共同市场内部工业品出口比例自 1992 ~ 1996 年一直保持增长，但向南方共同市场内部成员国出口的工业品则略有降低。因此，经济一体化所带来的动态效应尚不显著，南方共同市场国家的出口结构在成立之后的 4 年里变化不大。尽管在经济总量和出口整体表现方面呈现较大的活力，但是地区外出口的小幅增长既不能从数量，也不能从质量上代表其已经提高了进入世界经济舞台的地位。南方共同市场 1992 ~ 1996 年的贸易结构虽然与发达国家仍有差距，但也体现出各成员国希望利用一体化的经济规模和生产专门化的优势，通过地区市场提高其在世界经济舞台的竞争力。1997 年，南方共同市场内部出口占整个出口总额的 1/4，内部进口则超过进口总额的 1/15[2]，南方共同市场的启动和运转推动了拉丁美洲

---

① 这一时期，能源产品出口激增的主要原因是阿根廷向巴西出口燃料的增加，以及阿根廷向拉丁美洲一体化协会和北美自由贸易区出口燃料的增加。

② Alexander J. Yeats, "Does Mercosur's Trade Performance Raise Concerns about the Effects of Regional Trade Arrangements?" *The World Bank Economic Review*, Vol. 12, No. 1, 1998, p. 7.

一体化运动的发展。[1] 1997 年，时任美国总统克林顿访问巴西和阿根廷两国时，对南方共同市场在促进地区经济发展和维护政治稳定方面重要性予以肯定。[2]

在南方共同市场成立初期，巴西和阿根廷均面临国际收支平衡危机，两国均采取了单边政策。但是，这并没有影响到南方共同市场的一体化进程。主要原因在于两国均逐渐从 20 世纪 80 年代"失去的十年"中恢复过来，贸易得到了扩张，支持了南方共同市场的发展。得益于贸易的增长，各国无论在政府层面还是社会各阶层，对南方共同市场的认可程度都在提升。根据世界银行的经济一体化指数，表 1-3 对比了南方共同市场与世界的一体化指数。该指数由经济增速和贸易增速两部分构成。1991~1995 年，南方共同市场的一体化指数是 1980~1990 年的 10 倍，高于同时期全球水平。

表 1-3　南方共同市场的一体化指数

区域	1980~1990 年	1991~1995 年	变化
世界	1.1	13.1	12.0
南方共同市场	2.4	24.7	22.3
世界其他地区	0.9	11.0	10.1

资料来源：Mercosur Secretariat and Cámara de Industrias del Uruguay。

（二）存在的分歧和不足

由上而下的垂直谈判是南方共同市场成员国之间的谈判特点，即大多数谈判集中在政府层面，参与谈判的代表都是不同级别的政府官员，这就不可避免地给谈判打上了精英阶级利益的烙印。例如，《亚松森条约》确定了几个南方共同市场成员国之间进行谈判的机构：一是至少一年一次的

---

[1]　Rafael A. Porrata-Doriajr, *Mercosur: The Common Market of the Southern Cone*, Careolina Academic Press, 2005, p. 4.

[2]　Christopher J. Rosin, *The Political Ecology of Mercosur/I: Local Knowledge and Responses to a Competitive Market*, Madison: Unversity of Wisconsin - Madison, 2004, pp. 1-2.

总统会议；二是由各国经济部长和外交部长组成的共同市场会议；三是由各国经济部长或外交部长或其他领域（如对外贸易部、工业部、经济合作部、中央银行）的负责人组成的次共同市场组织。根据 1991 年的《巴西利亚条约》，在南方共同市场内部出现争端时，主张以合作方式解决，个别国家的异议应该被提交到共同市场组织的国家部分，如果最后被接受，共同市场组织将代表他们行动。

南方共同市场成员国之间经济结构的不对称和谈判问题的多样性，导致南方共同市场内部以及与其他国家和地区组织的谈判十分复杂，并且体现出谈判的多层次性。例如，在成员国利益发生冲突时，总统之间为解决冲突而召开的会谈就是"危机会谈"。此外，还有在司法、教育和环境等部门进行的谈判。在 20 世纪 90 年代，地区内主要的谈判每年超过 260 次。此外，还有有关国家部门之间为协调贸易与地区内合作而进行的谈判，以及与欧盟、安第斯共同体、玻利维亚、智利和美洲自由贸易区的谈判。[①]

南方共同市场通过区域贸易合作，成功实现了成员国之间市场规模的扩大，这就对企业生产规模的扩大提供了必要的基础，某些部门或产业能够扩大规模，进行横向或纵向的专业化生产，节约平均单位成本，实现规模经济效应。同时，建立共同市场的目标使成员国放弃部分贸易壁垒，在一定程度上有利于减轻贸易保护主义。成员国内部的企业为了生存不得不设法降低生产成本，提高经营管理的效率。区域贸易合作总是存在一定的排他性或歧视性。在自由贸易区内，要享受优惠关税，必须遵守区域内的原产地规则。因此，从长远视角来看，原产地规则对区域内投资流向影响较大。为充分享受原产地优惠待遇，南方共同市场成员国会减少对非成员国的投资而加强对区域内成员国的投资，而区域外非成员国为了绕开区域贸易壁垒，也会增加对区域内成员国的投资。[②] 但是，南方共同市场在协

---

① 左品：《南方共同市场经济一体化研究》，博士学位论文，南京大学，2011，第 52~53 页。

② Kala Krishna，"Understanding Rules of Origin," *NBER Working Papers*, February 7, 2005, p. 12.

调宏观经济政策、社会政策以及防范外部冲击等方面仍存在明显不足。成员国之间的贸易非对称性也成为日后不断引起贸易摩擦的根本原因。例如，在阿根廷－巴西经济一体化项目推出之后，阿根廷和巴西之间的贸易额在短时期内实现了较大幅度的增长。但是，无论是在贸易额的绝对值还是增长率方面，两国之间均存在明显的非对称性（见表1-4）。阿根廷认为其在与巴西的经济联合中吃了亏，这种抱怨在1988年时愈演愈烈。1988年7月，前阿根廷工业和对外贸易部长罗伯托·拉瓦尼亚（Roberto Lavagna）就抱怨阿根廷－巴西经济一体化项目只有一个受益者，就是巴西。[1]

表1-4　1980~1990年阿根廷和巴西的双边贸易

单位：百万美元

年份	阿根廷出口到巴西	巴西出口到阿根廷
1980	765	1092
1981	595	880
1982	567	666
1983	338	655
1984	478	853
1985	496	612
1986	698	690
1987	539	819
1988	573	971
1989	1239	772
1990	1400	654

资料来源：Ministerio de Desenvolvimento, Industria, e Comercio Exterior, ALICEWeb.

南方共同市场成立初期只关注经济议题，原因在于其成立时恰逢新自由主义自由市场经济在拉丁美洲的绝对控制时期，时任巴西和阿根廷的总统在签订《亚松森条约》时深受这一思想的影响。另外，外部冲击袭来之时，南方共同市场及其成员国不得不采取防御措施，经济层面无疑是首

---

① "Crítica al Manejo de la Integración con Brazil," *Clarín*, julio 28, 1988.

当其冲。但由于一体化尚局限在经济领域，南方共同市场一体化有待深化和扩展。

（三）制度建设落后

南方共同市场的成立以欧盟为借鉴对象。但在实际中，两个地区的一体化过程存在巨大差异。制度选择和政治实践使南方共同市场在区域内部和全球层面的冲击下显得十分脆弱。欧盟和南方共同市场在全球政治经济环境中的地位不同，再加上差异极其明显的政治制度以及公民社会组织的不同，南方共同市场的一体化实践与欧盟一体化的实践存在巨大差异。在巴西和阿根廷一体化进程初期，由于受长期以来进口替代工业化战略思想的影响，无论是政府还是企业部门都不愿意直接面对自由竞争。因此，南方共同市场在成立初期，保护主义思想依旧存在。

欧盟一体化与南方共同市场一体化的差异主要体现在五个方面：第一，欧盟各国间关系受到了冷战的影响，而南方共同市场完全形成和发展于冷战之后；第二，欧盟一体化初期，全球关税水平相对较高、国家间贸易量相对较小，而南方共同市场则面临一个更加开放的市场和更加自由化的全球贸易；第三，南方共同市场农业政策的重要程度远不及当初欧盟一体化的起步阶段；第四，虽然欧盟一体化初期，整个欧洲处在二战后的恢复期，但不可否认，其仍是世界的中心，而南方共同市场各国一直处在世界的边缘；第五，欧盟一体化前期各国发展较为平稳，而南方共同市场成立时，巴西和阿根廷两个主要国家才刚刚从长期恶性通货膨胀中解脱，经济尚不稳定。欧盟和南方共同市场一体化的模式也存在较大差异（见表1-5）。

表1-5　欧盟和南方共同市场一体化模式比较

内容	欧盟	南方共同市场
一体化动机	高	高
一体化领域	经济 + 社会	经济
制度性建设程度	高	低
一体化深度	1. 共同市场 2. 货币合作 3. 产业政策	1. 争端解决 2. 汇率政策 3. 宏观经济协调

内容	欧盟	南方共同市场
一体化广度	1. 成员国扩容 2. 外交政策协调 3. 共同安全政策 4. 对外经济政策协调	1. 成员国扩容 2. 对外经济政策协调 3. 社会政策
制度性建设	1. 让渡更多主权给超国家机构 2. 建立新的超国家机构	1. 建立超国家机构 2. 保留了国家主权

资料来源：Jeffrey W. Cason, *The Political Economy of Integration*：*The Experience of Mercosur*, New York：Routledge, 2011, p. 9。

　　南方共同市场的一体化的各个方面被割裂开来，具有明显的发展中地区和国家一体化的特点。从外部环境来看，南方共同市场国家处在世界经济的外围，对中心国家具有依附性。因此，在国际关系中，此种地位无疑对各个国家的政策选择和执行以及国家之间的一体化产生影响。从内部环境来看，南方共同市场缺乏超主权层面的制度。成立之初，各国为了获得更大的灵活度，在让渡主权方面进行了回避，这使得一体化在推进过程中的不确定性加大，而各个成员国在采取单边行动时受到的约束和阻力被缩小。各国在全球中的地位以及地区大国思维是南方共同市场难以在超主权制度性规定上更进一步的主要原因。首先，由于各个成员国都是世界经济中的外围国家，它们害怕因主权让渡而变成外围的外围；其次，巴西从一开始就拒绝让渡主权，从而保持其在一体化过程中的灵活性。[1]

第三节　南方共同市场的成员国

　　从 1996 年到 2004 年，智利、玻利维亚、南非、秘鲁、厄瓜多尔、委

[1]　Jeffrey W. Cason, *The Political Economy of Integration*：*The Experience of Mercosur*, New York：Routledge, 2011, p. 27.

内瑞拉以及哥伦比亚陆续成为南方共同市场的联系国。截至 2018 年底，南方共同市场的正式成员国为阿根廷、巴西、巴拉圭、乌拉圭、委内瑞拉和玻利维亚。[①] 联系国为智利、秘鲁、哥伦比亚、厄瓜多尔、苏里南、圭亚那。观察员国是新西兰和墨西哥。[②] 玻利维亚和厄瓜多尔分别于 2012 年和 2013 年正式申请入市。南方共同市场与智利、秘鲁、哥伦比亚和厄瓜多尔等联系国定期进行政治磋商和协调，同时还积极发展同墨西哥、古巴及其他拉丁美洲和加勒比地区组织的合作与对话。厄瓜多尔于 2013 年正式申请入市。2016 年 12 月，巴西、阿根廷、乌拉圭和巴拉圭 4 国以委内瑞拉未按时将南方共同市场有关规定纳入国内法为由中止其正式成员国资格。

一　初始成员国

巴西位于南美洲东部，地跨西经 35 度到西经 74 度，北纬 5 度到南纬 35 度，东临南大西洋，北邻法属圭亚那、苏里南、圭亚那、委内瑞拉和哥伦比亚，西接秘鲁、玻利维亚，南接巴拉圭、阿根廷和乌拉圭。海岸线长约 7400 公里。领海宽度为 12 海里，领海外专属经济区为 188 海里。巴西经济实力居拉美首位，世界第九位。农牧业发达，是多种农产品主要生产国和出口国。工业基础雄厚，门类齐全，石化、矿业、钢铁、汽车工业等较发达，民用支线飞机制造业和生物燃料产业在世界上居于领先水平。服务业产值占国内生产总值近六成，金融业较发达。[③] 在其多元化自主的外交理念指导下，巴西计划建立一个非体制化的南方共同市场，将其视为

---

① 2012 年 6 月，巴拉圭发生了颇具争议的卢戈总统弹劾案，因此南方共同市场暂停其成员国资格长达 14 个月。2015 年 7 月 17 日，玻利维亚被接收成为南方共同市场的第六个成员国，委内瑞拉在 2016 年 12 月被暂停成员资格。截至 2018 年底，玻利维亚入市程序还未完成，委内瑞拉成员国资格尚未恢复。

② "Se Formaliza Adhesión de Venezuela al Mercosur," Ministerio de Relaciones Exteriores de la República Bolivariana de Venezuela, Archived from the original on 30 January 2016, Retrieved November 22, 2013. "Presidentes dos Países do Mercosul se Reúnem para Discutir Integração do Bloco," *Governo do Brasil*, November 23, 2013.

③ 《巴西概况》，中华人民共和国驻巴西联邦共和国大使馆，https://www.fmprc.gov.cn/ce/cebr/chn/bxjjs/t1027410.htm，访问日期：2018 年 3 月 1 日。

一个竞争性的参与全球事务的平台，以维护独立自主的发展并使自己更广泛地参与国际事务。[1] 在寻求外在市场和贸易关系的同时，避免将自己与某个单一的合作伙伴捆绑在一起。[2]

　　阿根廷位于南美洲东南部，东濒大西洋，南与南极洲隔海相望，西邻智利，北与玻利维亚、巴拉圭交界，东北与乌拉圭、巴西接壤。南北长3694 公里，东西宽 1423 公里。陆上边界线长 25728 公里，海岸线长 4725公里。北部属热带气候，中部属亚热带气候，南部为温带气候。年平均气温北部 24℃，南部 5.5℃。阿根廷是拉美地区综合国力较强的国家。工业门类较齐全，农牧业发达。工业门类主要有钢铁、汽车、石油、化工、纺织、机械、食品加工等。工业地理分布不均衡，主要集中在布宜诺斯艾利斯省和科尔多瓦省，内地省份工业基础薄弱。核工业发展水平居拉美前列。食品加工业较先进，主要有肉类加工、乳制品、粮食加工、水果加工、酿酒等行业。[3]

　　乌拉圭位于南美洲东南部，乌拉圭河与拉普拉塔河的东岸。北邻巴西，西接阿根廷，东南濒大西洋。海岸线长 660 公里。地势平坦，丘陵和草原相间，平均海拔 116 米。属温带气候，1～3 月为夏季，气温 17℃～28℃，7～9 月为冬季，气温 6℃～14℃。年降水量由南至北从 950 毫米递增到 1250 毫米。乌拉圭境内没有重要的山脉和矿藏，但是绵延的草原可以饲养大量的动物，近 90% 的土地可以耕种。乌拉圭在拉美处于中等发展水平。经济规模较小，产业结构单一，农牧产品依赖出口，能源依赖进口。乌拉圭农牧业较发达，主要生产并出口肉类、羊毛、水产品、皮革和稻米等。工业以农牧产品加工业为主。服务业占国民经济比重较高，以金

---

① 〔巴西〕杜鲁·维也瓦尼、加布里埃尔·塞帕鲁尼:《巴西外交政策：从萨尔内到卢拉的自主之路》，李祥坤、刘国枝、邹翠英译，社会科学文献出版社，2015，第 9 页。

② Leticia Pinheiro, "Traidos Pelo Desejo: Um Ensaio Sobre a Teoria e a Pratica da Politica Externa Brasileira Contemporanea," *Contexto Internacional*, Vol. 22, No. 2, 2000.

③ 《阿根廷国家概况》，中华人民共和国外交部，https：//www. fmprc. gov. cn/web/gjhdq_676201/gj_ 676203/nmz_ 680924/1206_ 680926/1206x0_ 680928/，访问日期：2018 年 3 月 1 日。

融、旅游、物流、交通业为主。①

巴拉圭是南美洲内陆国家，与阿根廷、玻利维亚和巴西三国为邻。地处拉普拉塔平原北部，巴拉圭河从北向南把全国分成东、西两部分。东部为丘陵、沼泽和波状平原，全国 90% 以上的人口集中于此；西部为原始森林和草原。属亚热带气候，夏季平均气温 27℃，冬季平均气温 17℃。东部年平均降水量为 1500 毫米，西部为 500 毫米。国民经济以农牧业为主，工业基础薄弱，是拉美地区最落后的国家之一。经济活动主要集中在首都亚松森和东方市，经济受气候及国际初级产品价格影响很大。②

二　后入成员国及其入市进程

（一）委内瑞拉

委内瑞拉位于南美洲大陆北部。东与圭亚那为邻，南同巴西接壤，西与哥伦比亚交界，北濒加勒比海。海岸线全长 2813 公里。全境除山地外基本属热带草原气候。气温因海拔高度不同而异，山地温和，平原炎热。每年 6 至 11 月为雨季，12 月至次年 5 月为旱季。委内瑞拉的主要工业部门有石油、铁矿、建筑、炼钢、炼铝、电力、汽车装配、食品加工、纺织等。其中石油部门为国民经济支柱产业。③

1999 年，总统乌戈·拉斐尔·查韦斯·弗里亚斯（Hugo Rafael Chávez Frías）上台之初就表达了加入南方共同市场的意愿。2004 年 12 月，委内瑞拉成为南方共同市场的联系国。2005 年 12 月，南方共同市场各个成员国一致同意吸收委内瑞拉为其正式成员。2006 年 7 月，委内瑞拉签署了《加入南方共同市场议定书》。按照规定，该议定书在得到各成

---

① 《乌拉圭概况》中华人民共和国驻乌拉圭东岸共和国大使馆，http：//uy. china - embassy. org/chn/wlggk/t649701. htm，访问日期：2018 年 3 月 1 日。

② 《巴拉圭国家概况》中国领事服务网，http：//cs. mfa. gov. cn/zggmcg/ljmdd/nmz _ 657827/blg_ 657891/，访问日期：2018 年 3 月 1 日。

③ 《委内瑞拉概况》中华人民共和国驻委内瑞拉玻利瓦尔共和国大使馆，http：// ve. chineseembassy. org/chn/wnrlgk/，访问日期：2018 年 3 月 1 日。

员国议会批准后一个月，委内瑞拉方可成为正式成员国。2006 年，委内瑞拉因不满秘鲁、哥伦比亚与美国签订自由贸易协定而正式退出了安第斯集团。[①] 2006 年末，委内瑞拉还退出了与墨西哥、哥伦比亚组成的三国集团，其主要原因是哥伦比亚等国与美国签订的自由贸易协定损害委内瑞拉人民的利益。2012 年 7 月 31 日，南方共同市场正式接纳委内瑞拉为第五个成员国。2016 年初，南方共同市场初始成员国取消了委内瑞拉轮值主席国资格。2016 年 12 月 2 日，因为没有遵守贸易和人权章程，委内瑞拉的南方共同市场会籍被暂停。2017 年 4 月 7 日，南方共同市场与太平洋联盟成员国外长联席会议上，被停止会籍的委内瑞拉外交部长未被邀请参会。2017 年 8 月 5 日，南方共同市场创始国巴西、阿根廷、巴拉圭和乌拉圭四国外长在巴西圣保罗就委内瑞拉问题召开会议，会后四国发表联合声明称，将"无限期"暂停委内瑞拉成员国资格。声明说，委内瑞拉国内推行的制宪大会选举，违背了南方共同市场国家此前签署的《民主承诺议定书》，只有遵守相关承诺，委内瑞拉才能重回南方共同市场。[②]

（二）玻利维亚

玻利维亚位于南美洲中部，内陆国。东北与巴西为界，东南毗邻巴拉圭，南邻阿根廷，西南邻智利，西接秘鲁。玻利维亚是南美洲最贫穷的国家之一，工农业发展落后。矿藏丰富，锡储量 115 万吨，居世界第二；铁储量 450 亿吨，在拉美仅次于巴西；锂储量 1 亿吨，居世界第一。石油储量 9.29 亿桶，天然气 52.3 万亿立方英尺。其他矿藏有锑、钨、银、锌、铅、铜、镍、金等。森林覆盖率为 48%。[③]

由于玻利维亚是安第斯共同体的成员之一，因此无法加入南方共同市

---

① 《查韦斯宣布委内瑞拉退出安第斯国家共同体》，http://news.163.com/06/0420/21/2F6DIHPM0001121M.html，访问日期：2017 年 5 月 2 日。

② 《委内瑞拉被暂停南方共同市场成员国资格》，http://news.cctv.com/2017/08/06/ARTIMdLyf8 iidCiaek3QO3Yu170806.shtml，访问日期：2018 年 9 月 13 日。

③ 《玻利维亚概况》中华人民共和国驻多民族玻利维亚国大使馆，http://bo.china-embassy.org/chn/zbgx/gk/，访问日期：2018 年 3 月 1 日。

场，成了南方共同市场的"联系国"。1996 年 10 月 11 日，玻利维亚同南方共同市场签署了建立自由贸易区的协议，该协议于 1997 年 1 月 1 日正式生效。根据协议，玻利维亚的 1000 多种商品将免税进入南方共同市场，此后争取 10～18 年内逐步降低关税，2015 年实现自由贸易。玻利维亚的近 20 种商品（主要是糖和油料种子）被列为"特殊敏感品"，实现自由贸易的时间被放宽至 2015 年。玻利维亚－南方共同市场自由贸易区规定了原产地规则、非关税贸易壁垒、保护条款以及争端解决办法等。2006 年 7 月 21 日，南方共同市场各成员国说服玻利维亚加入南方共同市场，成为完全成员国。2012 年 12 月，第 44 届南方共同市场首脑会议期间，玻利维亚总统签署了加入南方共同市场的议定书。玻利维亚将可以以成员国身份参加南方共同市场的所有会议，并拥有发言权，但要等到所有成员国议会批准其加入后，才能获得表决权。当时，阿根廷、乌拉圭和委内瑞拉的议会已经批准玻利维亚加入，巴西和巴拉圭的立法机构还未批准该决定。[①]

三 主要联系国及其与南方共同市场的关系

（一）智利

智利位于南美洲西南部，安第斯山脉西麓。东邻玻利维亚和阿根廷，北界秘鲁，西濒太平洋，南与南极洲隔海相望。海岸线总长约 1 万公里。是世界上最狭长的国家，南北长 4352 公里，东西宽 96.8～362.3 公里。境内多火山，地震频繁。气候地区差异大：北部是常年无雨的热带沙漠气候；中部是冬季多雨、夏季干燥的亚热带地中海式气候；南部为多雨的温带阔叶林和寒带草原气候。年均最低和最高气温分别为 8.6℃和 21.8℃。矿业、林业、渔业和农业是国民经济四大支柱。

早在 20 世纪 80 年代，阿根廷－巴西经济一体化项目时期，智利就表

---

① "Bolivia Invited to Become Full Member of Mercosur," International Center for Trade and Sustainable Development, https：//www.ictsd.org/bridges - news/bridges/news/bolivia - invited - to - become - full - member - of - mercosur, 访问日期：2018 年 7 月 21 日。

达了和南美洲两个大国合作的愿望，但由于当时智利还处于被皮诺切特控制时期而被时任阿根廷总统阿方辛拒绝。1990 年，巴西和阿根廷在组建南方共同市场时曾力邀智利参加，但是彼时智利的首要目标是加入北美自由贸易区，并且奉行完全的市场经济，对于南方共同市场共同关税的限制难以接受，再加上巴西和阿根廷宏观经济不稳定，智利不愿马上加入该组织。① 1993 年 10 月，巴西提出了建立南美自由贸易区的倡议，在南方共同市场完全生效之后，以其为核心，10 年内建成南美自由贸易区。南方共同市场各个成员国认为智利的加入是其扩大和发展不可缺少的条件，因此将智利的加入视为建立南美自由贸易区谈判的第一步。② 巴西提出建立南美自由贸易区后，智利第一个做出反应。阿根廷前总统梅内姆认为，南方共同市场应成为面向两大洋的经济集团，而如果缺少智利，就没有面向太平洋的通道。③ 1994 年 6 月，智利外长卡洛斯·菲格罗亚正式宣布，智利同南方共同市场谈判自由贸易协定，成为该集团的一个联系国。

1994 年 9 月，南方共同市场首脑会议强调了该组织的开放性和非排他性，并决定邀请其他南美洲国家加入，为最终实现南美自由贸易区奠定基础。智利是最先进行积极回应的国家，率先成为南方共同市场的"准成员国"。1996 年 6 月 25 日，经过 2 年的谈判，智利同南方共同市场签署了建立自由贸易区的协定——《南方共同市场 - 智利：经济互补协定》，这是南方共同市场与区域外国家签署的第一个自由贸易协定。1996 年 8 月 14 日，智利众议院以 76 票赞成、26 票反对的结果通过了这一协定。④ 9 月 11 日，智利参议院以 36 票赞成、3 票反对的投票结果通过了自由贸易协定。10 月 1 日，智利 - 南方共同市场自贸区正式生效，智利成为南方共同市场的联系国（associate member）。根据协定，智利与南方共

① 贺双荣：《智利与南方共同市场的关系》，《拉丁美洲研究》1996 年第 1 期。
② 南方共同市场被称为南锥体共同市场，从地理概念和文化属性来看，智利都属于南锥体范畴。同时，智利加入将对建立一个跨越两大洋的经济区起到关键作用。
③ 汤国维：《南方共同市场的兴起》，《国际展望》1995 年第 15 期。
④ 反对智利加入南方共同市场的声音包括：南方共同市场可信度在初期较低、希望智利加入北美自由贸易区以及统一的进口关税。

同市场 4 国间的大部分（80%）商品关税开始降低，到 2004 年实现关税全免，小部分敏感性商品从 2006 年开始逐渐减税。《南方共同市场 – 智利：经济互补协定》还附带了一些平行的一体化文件和措施，例如确定了阿根廷和智利将协作进行道路基础设施的提质升级。

自由贸易协定生效后，智利向南方共同市场出口的所有商品关税降低至 19%，从南方共同市场进口商品的关税降低至 15%。根据协定，商品被划分为四大类，逐步降低关税，避免对特定经济部门产生不利的影响。第一类为一般商品，关税减免幅度为 40%，未来 8 年内逐步降低至零关税；第二类商品是敏感型商品，关税减免幅度为 30%，未来 3~6 年内逐步降低并取消关税；第三类是特殊敏感型商品，将在协定签署后 4 年内保持原关税水平，随后的 6 年中将进行关税减免；第四类是例外产品，包括大米和橄榄油在内的商品实现零关税的计划时间为 15 年，而小麦和面粉则为 18 年。此外，《南方共同市场 – 智利：经济互补协定》还规定禁止实行新的贸易限制措施以及确立了逐步消除非关税贸易壁垒的相关条款。

（二）秘鲁

秘鲁位于南美洲西部。北邻厄瓜多尔、哥伦比亚，东接巴西，南接智利，东南与玻利维亚毗连，西濒太平洋。海岸线长 2254 公里。全境从西向东分为热带沙漠、高原和热带雨林气候。秘鲁是传统农业国和矿业国，经济在拉美国家中居于中等水平。近年来，政府重视发挥市场在经济发展中的主导作用，倡导自由贸易，加大对农业、矿业、基础设施建设等领域的投入。[①]

1997 年 6 月，南方共同市场同秘鲁就 "4 + 1" 模式接纳秘鲁成为成员问题开始谈判。2002 年底，南方共同市场与秘鲁达成签订自由贸易协议的意向。双方于 2003 年 3 月下旬开始就协议细节进行谈判，内容覆盖了双方一般贸易 85% 的商品，协议有效期为 10 年；对敏感商品主要是农产品的贸易适当延长其交易的有效期。南方共同市场与秘鲁的自由贸易谈

---

① 《秘鲁概况》中华人民共和国驻秘鲁大使馆，http://www.embajadachina.org.pe/chn/mlgk/tl34902.htm，访问日期：2019 年 3 月 1 日。

判被认为是南方共同市场与安第斯共同体进行谈判的尝试。2003年12月，秘鲁成为南方共同市场联系国。2005年8月25日，南方共同市场与秘鲁完成自由贸易协定磋商。

（三）哥伦比亚和厄瓜多尔

哥伦比亚位于南美洲西北部，东邻委内瑞拉、巴西，南接厄瓜多尔、秘鲁，西北与巴拿马相连，北临加勒比海，西濒太平洋。海岸线长2900公里。境内分为东部平原区和西部山地区。哥伦比亚地处热带，气候因地势而异。东部平原南部和太平洋沿岸属热带雨林气候，海拔1000~2000米的山地属亚热带雨林气候，西北部属热带草原气候。哥伦比亚在拉美属中等发展水平。农业、矿业为国民经济支柱产业。[①]

厄瓜多尔位于南美洲西北部。东北与哥伦比亚毗邻，东南与秘鲁接壤，西临太平洋。海岸线长930公里。赤道横贯国境北部，安第斯山脉纵贯南北。全境分西部沿海、中部山区、东部亚马孙河流域地区和加拉帕戈斯群岛四部分。厄瓜多尔经济规模较小，综合经济实力较弱。其自然资源丰富，但产业结构单一，经济增长主要依赖石油、农牧业和渔业，经济发展对外依存程度较高。[②]

作为两个安第斯共同体成员国，哥伦比亚和厄瓜多尔与南方共同市场之间的谈判代表着两大区域集团之间的合作。1998年4月至2004年4月，这两大集团共进行了10次磋商。2004年10月18日，南方共同市场与哥伦比亚、厄瓜多尔、委内瑞拉3个安第斯集团成员国联合签署了经济互补协议（ACE-59）。[③] 2004年12月，哥伦比亚和厄瓜多尔被吸纳为南方共同市场的联系国。2017年7月21日，南方共同市场初始4个成员国与哥

---

① 《哥伦比亚概况》中华人民共和国驻哥伦比亚共和国大使馆，http://co.china-embassy.org/chn/glbygk/t1384751.htm，访问日期：2019年3月1日。

② 《厄瓜多尔概况》中华人民共和国驻厄瓜多尔共和国大使馆经济商务参赞处，http://ec.mofcom.gov.cn/article/ddgk/zwjingji/201404/20140400555580.shtml，访问日期：2019年3月1日。

③ 该协议在1998年安第斯共同体-南方共同市场自由贸易谈判之外进行。参见http://www.sice.oas.org/TPD/ANDCties_MER/ANDCties_MER_e.ASP，访问日期：2018年12月3日。

伦比亚签署经济补充协议（NO.72），ACE－59 依然有效。① 2013 年 5 月，厄瓜多尔政府决定加入南方共同市场，并建立了评估委员会。2013 年 6 月，厄瓜多尔正式向南方共同市场提出加入该组织的申请。②

第四节　南方共同市场成立初期的组织机构与职责

一　南方共同市场早期机构设置③

南方共同市场设立行政秘书处，主要职能是保管其官方文件，出版《南方共同市场官方公报》和进行西班牙语和葡萄牙语文字的正式翻译，会址设在乌拉圭首都蒙得维的亚。除行政秘书处外，南方共同市场建立初期的机构主要设有首脑会议、共同市场理事会、共同市场小组、贸易委员会、联合议会委员会、经济和社会协商论坛。

南方共同市场首脑会议（Mercosur Summit Meeting）每半年举行一次。首次首脑会议于 1991 年 12 月在巴西首都巴西利亚举行，截至 2018 年 12 月南方共同市场共举行了 53 届首脑会议。主要议题包括：南方共同市场的机构建设和内部改革、对外共同关税政策、成员国组成及其各自经济形势、同区域外国家或集团进行贸易谈判的立场、成员国的贸易纠纷以及各个领域的一体化建设等。

共同市场理事会（Common Market Council）是南方共同市场的最高决策机构，由各个成员国的外交部长和经济部长组成，负责共同市场的政治

---

①　OAS, http：//www. sice. oas. org/TPD/ANDCties_ MER/ANDCties_ MER_ e. ASP，访问日期：2018 年 12 月 3 日。

②　《厄瓜多尔正式提出启动加入南方共同市场谈判申请》，中华人民共和国驻厄瓜多尔共和国大使馆经济商务参赞处，http：//ec. mofcom. gov. cn/article/jmxw/201306/20130600170348. shtml，访问日期：2018 年 8 月 3 日。

③　本部分内容主要参考〔巴西〕皮埃罗·内托－阿德博加多斯《南方共同市场》，圣保罗，1997，转引自徐宝华《拉丁美洲经济与地区经济一体化发展》，中国社会科学出版社，2016，第 65 ~ 75 页；Peter Coffey, Latin America-Mercosur, Kluwer Academic Publishers, 1998, p. 1。

指导和决策。共同市场理事会举行会议的次数不受限制，但至少每年举行一次有各国总统参加的会议，必要时可召开若干次会议。理事会负责制定一体化进程的政策。一般每年举行 2 次成员国首脑会议，理事会负责首脑会议的筹备和组织工作。共同市场理事会的主要职能是：对共同市场进行政治指导并做出决策，以确保《亚松森条约》所确定的目标和期限的实现，提出推动共同市场发展的措施；行使法人资格，与第三国、国家集团和国际机构谈判或签署协议；筹备和组织成员国首脑会议和各领域的部长级会议。在南方共同市场的过渡期，必须有所有成员国的代表参加，共同市场理事会才能做出决议。共同市场理事会有权确定或修改对外共同关税。会议由成员国的外交部长协调，可邀请其他部长和部级机构代表参加。共同市场理事会下属的政治咨询和协调论坛负责协调组织文化、教育、内政、司法、社会发展及人权等领域的部长级会议。

共同市场小组（Common Market Group）是南方共同市场的执行机构，由各国外长负责协调，行政秘书处设在乌拉圭首都蒙得维的亚，负责实施《亚松森条约》和共同市场理事会做出的决议，就执行贸易开放计划、协调宏观经济政策、与第三国商签经贸协定等提出具体的建议。此外，共同市场小组还负责监督贸易委员会和行政秘书处的活动，拟订保证共同市场正常运行的工作计划，建立下属工作小组并制订其工作计划，协调和指导他们的工作，召开专门会议处理其提出的问题。共同市场小组由各个缔约国各派 6 名正式成员和 6 名可轮换成员组成，分别是外交部、经济部、工商旅游部、农业和供给部、中央银行和总统府 6 个公共机构的代表。各有关国家确定的共同市场小组成员组成该国共同市场小组的国内分部。共同市场小组下设贸易交流、采矿业、技术管制、金融事务、交通和基础设施建设、工业、农业、能源、劳动力关系、就业和社会安全等 11 个具体工作小组。1994 年过渡期结束之后，共同市场小组新设立了贸易委员会，负责共同贸易政策的施行和监督。共同市场小组至少每 3 个月召开 1 次正式会议，按成员国字母顺序轮流在各国举行。特殊会议可以在一致同意的任何时间、任何地点召开，由发生偶然事件的成员国代表团团长负责会议的协调。机构改革之后，共同市场小组由各成员国派出 4 名正式成员和 4

名候补成员组成，代表本国外交部、经济部和中央银行，下设贸易事务、海关事务、技术标准、税收和金融政策、陆路运输、海上运输、工业和技术政策、农业政策、能源政策和宏观经济政策协调等 10 个工作组。共同市场小组的职责：一是执行《亚松森条约》和采取必要措施落实共同市场理事会的决议；二是在执行贸易开放计划、协调宏观经济政策、同第三国和国际机构进行谈判、参与解决南方共同市场范围内的争端等方面，提出具体措施的倡议权；三是监督贸易委员会和行政秘书处的活动；四是有权建立下属工作小组，制订工作计划，协调和指导它们的工作，并有权召集专门会议处理其提出的问题，以确保向共同市场的方向推进。

　　贸易委员会（Trade Commission）是共同市场小组的辅助机构，负责南方共同市场的联合商业政策，监督各个成员国共同对外关税的执行情况，跟踪成员国内部贸易和与第三国贸易情况，具有决策权。委员会由 4 名正式成员和 4 名可轮换成员组成，每个成员国指派的成员和它的协调权属于外交部。作为南方共同市场区域内的贸易事务机构，贸易委员会下设税务和商品名录、海关事务、贸易规则、保护竞争力等 8 个分委会。贸易委员会的主要职能：一是负责监督实施成员国共同贸易政策措施，如同第三国或国际机构的贸易协议、贸易管理目录、原产地制度、免税区、特殊关税区和出口加工区制度、保护消费者制度和协调鼓励出口等；二是审议成员国提出的与对外共同关税和其他共同贸易政策的实行有关的或个别要求有关的申请；三是有权就南方共同市场所采取的贸易政策进行有关的决议，向执行机构提出其职权内有关条例的建议，提出新的或修改原有的贸易和关税准则。在这种情况下，可以提出改变共同对外关税特殊项目的进口份额，甚至可以考虑在南方共同市场内开展新的生产活动问题。为了更好地履行其职能，贸易委员会还建立了技术委员会（Technical Committees），具体负责领导监督贸易委员会的工作，统一可以采用的内部工作条例。技术委员会管理的内容较多，涉及关税、贸易品分类命名、保护条款、非关税壁垒、汽车和纺织专门部门等。贸易委员会会议至少每月召开一次。另外，南方共同市场执行机构或成员国也有权要求召开这种会议。贸易委员会提出建议和做出决定，须在成员国所指

派的代表之间协调一致后再进行。在执行、解释或完成贸易委员会所承担的任务时出现的争端，应提交南方共同市场的执行机构，按照解决争端制度中的规定进行解决。

联合议会委员会（Joint Parliamentary Commission）是成员国直接机关的代表机构，无决策权，具有咨询和协商的性质，职责是促进本国执行共同市场决定。该机构由各个成员国议会委派的16名议员和相同数目的可轮换议员组成，每个任期为2年，总协调人为成员国总统组成的主席团。联合议会委员会通常一年召开两次会议，所有成员国的代表团需全部到场。特殊情况下，联合议会委员会可以由成员国总统召集。会议在各成员国轮流举行，决议经协商并由各个成员国指派的大多数成员投票产生。联合议会委员会的主要职能：一是根据一体化进程，保持各国议会的信息联系，为今后南方共同市场议会的建立做准备；二是建立下属机构，分析与一体化进程有关的问题，向南方共同市场的共同市场理事会和共同市场小组提出有关共同市场组织和一体化进程运行的建议；三是对成员国议会的协调进行必要的调查研究，并提交给各国议会；四是同各个成员国的私人实体和国际机构建立关系，以便得到它所关心的事务的信息；五是与大的跨国和国际公共机构或私人机构签订合作和技术援助协议；六是审议成员国得到的其他资金的预算和经营情况。

经济和社会协商论坛（Consultative Economic and Social Forum）是南方共同市场经济和社会部门的代表机构，具有自治性，但是没有决策权。其主要职能是提供咨询、向共同市场小组提出建议。这个论坛由成员国商业团体和工会代表组成，起顾问作用，关税同盟、一体化进程、对外关系和社会问题是其重点关注的领域。该论坛的全体会议每年召开2次，由成员国各派9名代表出席，其中4人来自工会系统，4人来自企业界，1人来自消费者组织。1998年，经济和社会协商论坛还创办了妇女论坛，以推动各个成员国的性别平等。

二　南方共同市场的职责

南方共同市场成立的宗旨是通过有效利用自然资源、保护环境，实现环境友好型的可持续经济发展；深化产业分工和各国间的经济合作，协调宏观经济政策，加强各个经济部门的互补；促进成员国科技进步和实现经济现代化，进而改善人民生活条件并推动整个拉丁美洲地区的经济一体化进程。为实现其宗旨，南方共同市场的职责主要包括贸易开放和贸易政策协调、宏观经济政策协调、解决争端和保障公平竞争环境。

（一）贸易开放[①]

《亚松森条约》把取消关税和非关税限制作为贸易开放计划的主要目标，规定在成员国之间逐步、连续和自动地降低关税和取消关税限制。为此，《亚松森条约》采取了 4 项措施。

首先，制定减税计划。根据规定，自该条约生效之日起，成员国对列入拉丁美洲一体化协会关税货单中的产品执行减税计划，到 1994 年 12 月 31 日将关税降为零（见表 1 - 6）。经成员国的共同努力，这一措施基本上得到兑现。南方共同市场正式启动后，四国的平均关税从 20% 降到 2% 以下。在列入正式货单的 9000 种商品中，仅有 1627 种（18%）没有执行自由贸易条例，自由流通的商品占四国贸易总额的 90% ~ 95%。

表 1 - 6　南方共同市场减税步骤

年份	减税程度	年份	减税程度
1991	47% ~ 54%	1993	75% ~ 82%
1992	61% ~ 68%	1994	89% ~ 100%

资料来源：徐宝华：《拉丁美洲经济与地区经济一体化发展》，中国社会科学出版社，2016，第 68 页。

其次，确定各个成员国的例外清单。各国提出了 2117 种被认为"敏感"产品的例外清单，其中乌拉圭有 960 种，巴拉圭有 439 种，阿根廷有 394 种，巴西有 324 种。但是，各个成员国应逐年削减列入例外清单的产

[①] 本部分内容参考徐宝华《拉丁美洲经济与地区经济一体化发展》，中国社会科学出版社，2016，第 68 ~ 73 页。

品，规定每年减少 20%，到 1994 年底，巴西和阿根廷全部取消，到 1995 年底，巴拉圭和乌拉圭也全部取消。但是，从执行情况看，取消例外清单并不顺利。经过 4 个成员国的充分协商，南方共同市场于 1994 年通过了 324 号决议，确定了称为"适应体制的减税计划"。阿根廷和巴西将继续征收关税到 1998 年 12 月 31 日，巴拉圭和乌拉圭则延迟到 1999 年 12 月 31 日。

再次，对非成员国贸易确定对外共同关税，实行共同的贸易政策。1994 年 8 月，四国签署有关协议，决定从 1995 年 1 月 1 日起，对 85% 的进口商品实行对外共同关税，税率为 0 ~ 20%，平均税率为 14%。同时，对来自成员国免税区的商品，成员国实行适用于南方共同市场商品的对外共同关税。但是，这些商品有两种情况：来自免税区的商品可以享受南方共同市场内确定的最优惠待遇，免除其正常关税；如果是例外清单的产品，则按照每个国家现行正常关税征收。

最后，属于各国征收不同关税的例外清单的产品，逐步向共同对外关税靠近，根据不同情况，在 2001 年或 2006 年逐渐实行统一的对外共同关税。其中，将于 2001 年 1 月 1 日对资本货物实行共同对外关税；2006 年 1 月 1 日对电信产品实行共同对外关税。

（二）贸易政策协调[①]

南方共同市场的成立拉动了区域内贸易的增长，也使一体化进程的利益和成本在成员国间更加平衡地分配。因此，南方共同市场强调应协调各成员国内部贸易政策，如原产地规则、技术标准、海关估价、保障条款，不公平贸易行为和争端解决机制等。实际上，南方共同市场各成员国的部分政策与拉丁美洲一体化协会框架下有关规定相同或相似，这为南方共同市场内部贸易政策工具的协调提供了便利。

在原产地规则标准化问题上，南方共同市场各成员国决定在《亚松森条约》后加入相关附件，规定非原产地部分的价值低于产品离岸价的

[①] 吴缙嘉：《拉美和加勒比地区一体化困局——基于南方共同市场和拉美"太平洋联盟"的比较研究》，博士学位论文，中国社会科学院研究生院，2016，第 41 页。

50%，这已与拉丁美洲一体化协会相关规定十分接近。1992 年，各成员国又就原产地证明发放的条件达成一致，并制定针对虚假原产地证明的惩罚措施，同时着手统一南方共同市场内部贸易的技术标准。南方共同市场还制定了旨在打击对成员国产品形成冲击的第三方不公平贸易行为准则，主要包括如何界定不公平贸易行为，其参考的主要标准是进口量，即确定使用反倾销及出口补贴的补偿性措施的期限（相比拉丁美洲一体化协会规定的 1 年期，南方共同市场将其延长到 5 年[①]）。

此外，1998 年南方共同市场各成员国就相互开放电信、交通、金融、能源等领域的服务贸易达成一致。2001 年，南方共同市场签署汽车贸易协定。[②] 2003 年，成员国就成立南方共同市场常设代表委员会、协调共同关税政策、加强贸易仲裁法院作用、合理解决贸易纠纷、完善南方共同市场金融体系等达成共识。2004 年，南方共同市场通过正式设立贸易仲裁法院和加强成员国之间信息、环境保护、农业技术合作等决定；宣布成立南方共同市场统一基金，以此缩小成员国发展差距；签订避免双重征税协定（协定从 2008 年起执行）。经过多年努力，南方共同市场区内贸易额和对外贸易额均实现大幅增长。

（三）宏观经济政策协调

《亚松森条约》和其他协定规定，南方共同市场各个成员国之间应进行宏观经济政策协调，[③] 以便同降低关税和取消非关税壁垒的计划相一致，保证在缔约国之间有适当的竞争条件。为此，各个成员国就协调宏观经济政策的日程、原产地规则、争端解决机制和保障条款等原则问题达成了协定，保证了共同市场按时运行。

1992 年 6 月 1 日，4 个成员国通过了《拉斯莱尼亚斯日程表》，各个

---

① "Seminario Interamericano de Infraestructura de Transporte Como Factor de Integración Report," OAS, http：//www. oas. org/dsd/publications/unit/oea33s/ch13. htm # TopOfPage，访问日期：2017 年 7 月 4 日。

② 汽车行业是南方共同市场的特殊行业，根据规定，自 2000 年起的 20 年间，汽车及汽车零部件在南方共同市场内部及南方共同市场与第三方的贸易中仍然加收关税。

③ 包括对外贸易、农业、工业、财政、货币、汇率、资本、服务、海关、运输、通信等部门。

成员国就贸易事务、关税失误、技术标准、货币金融事务、陆上和海上运输、工业和技术政策、农业政策、能源政策、就业和社会保险等方面，确定了采取措施的日期，以保证《亚松森条约》确定的期限顺利实现。为此，南方共同市场还设立了相应的工作小组，每个小组负责实施有关方面的措施，并确定了其工作日程和完成报告的最后期限。另外还规定，这些议程未经共同市场小组讨论通过不得擅自更改。为了便于确定和解决加快一体化进程的优先任务，1995 年共同市场小组做出决议，决定建立新的机构，即科学技术和旅游专家会议、技术合作委员会以及劳务和体制等专门小组。1998 年，南方共同市场成员国在阿根廷的乌斯怀亚召开第 14 次会议并签署了《乌斯怀亚法案》，宣布未来南方共同市场需要在以下几个方面深化发展：制定金融和投资政策、加强宏观经济合作、考虑建立统一货币的可能性。1999 年，在第 16 次南方共同市场首脑会议上，各国决定成立宏观经济协调高级小组，确定了通过协调成员国宏观经济政策、建立本地区货币联盟的战略目标。2000 年，南方共同市场决定制定统一宏观经济政策，并提议建立欧盟式的货币同盟和解决贸易争端的机制。2003 年，成员国同意推动成立南方共同市场仲裁法院，支持巴西提出的 2006 年实现"关税同盟"的倡议。2012 年，世界经济自 2008 年全球金融危机后"二次探底"，南方共同市场认为发达国家的财政紧缩和货币宽松政策严重影响世界经济复苏，要求 20 国集团改革国际金融体系，管控"秃鹫基金"① 等投机性资金流向，承诺打击逃税、洗钱行为和"避税天堂"，并决定设立 1.26 亿美元中小微企业保障基金，强调将加强区内基础设施建设。同时，南方共同市场再次指出区内宏观经济政策协调的重要性，要求各成员国采取措施推动区内贸易便利化，缩小成员国间发展差距，缓解融资难问题，整合产业结构，以实现经济包容性增长和可持续发展。南方共同市场还鼓励各成员国积极利用结构协调基金，实现区内各成员国间自由获取、转让电信技术，推进区内基础设施建设和技术共享，为南方共同市场共同发展注入新动力。

---

① 指的是那些通过收购违约债券、恶意诉讼，谋求高额利润的基金。

（四）解决争端

南方共同市场在协商一致的基础上确定了解决争端的原则和程序，以及仲裁办法。在争端解决原则方面，当各个成员国在解释、执行或未履行《亚松森条约》的规定时，应根据该条约和 4 个成员国于 1991 年 12 月 17 日通过的《巴西利亚议定书》加以解决，而当共同市场理事会和共同市场小组做出的决定和决议不一致时，同样需要以《亚松森条约》为原则，这在实际上确立了《亚松森条约》的基础性地位。《欧鲁普雷图议定书》规定，共同市场贸易委员会国内分部的成员国或个人产生的矛盾，由共同市场贸易委员会加以解决。

在解决争端的程序方面，如果存在争端，各个成员国之间第一道程序是直接谈判，谈判期限从成员国提出争端之日起，最多为 15 天（含当日）。如果双方直接谈判未果，成员国可以向南方共同市场贸易委员会提出申诉，请求贸易委员会的主席帮助解决。贸易委员会主席应提前一周启动相关程序，把争端请求列入贸易委员会随后即将举行的第一次会议的议事日程。如果贸易委员会未能做出决议，争端将被提交到技术委员会处理。技术委员会在 30 天内对所提争端情况进行评估。如果技术委员会专家的评估和结论未被采纳，贸易委员会应在接到材料后的第一次会议上进行研究。如果没有达成一致意见，争端将提交给共同市场小组去解决。共同市场小组听取各方的申诉，如有必要可向专家咨询并向争端的各方提出解决争端的建议。这个过程不能超过 30 天。最后，如果在共同市场小组范围内仍然无法解决争端，任何一方可以通知行政秘书处要求进行仲裁。行政秘书处接到通知后应立即通知争端的另一方和共同市场小组，并负责办理进行仲裁程序的手续。争端各方应承认仲裁法庭的仲裁权。仲裁法庭应在 60 天内（可延长 30 天）以书面形式做出裁决。仲裁法庭的裁决对争端各方均有约束力，不得上诉，并在 15 天内执行。

在保护条款方面，商定了消除某种进口产品对进口国市场造成严重威胁的方法。首先，根据《亚松森条约》和 1992 年 3 月通过的《对非诚实贸易提出控告和协商的程序》，如某个成员国在某个时期从另一个成员国进口某种产品明显增加，这种产品给国内市场造成损害或严重威胁时，进口国可向共同市场小组提出请求进行协商，以消除该产品进口对本国市场的损害。根据贸易开放计划，确定损害或严重威胁取决于包括生产水平、使用性能、就业情况、市场参与情况、成员国之间的贸易额以及同第三国的进出口能力等内容在内的综合分析。保护条款既适用于包括在适合制度内的产品，也适用于南方共同市场非成员国的产品。另外，如果进口出乎意料地增加给进口国市场造成损害或严重威胁，保护条款也适用于自每个成员国的免税区生产和销售的进口产品。其次，在协商过程中，受进口产品损害的成员国可以提出就进口这种产品的定额进行谈判。提出的定额在 30 天内未能谈判并达成协议，进口国可以确定这一进口产品的定额，该定额为期 1 年，延期 1 年，但受害进口国单方面决定的定额不得低于近 3 年来这一进口产品量的平均数。最后，根据 1993 年共同市场理事会第 7 号决议中相关的保护条例，如果成员国的某一生产部门受到非成员国倾销产品或补贴品的损害，也可以像共同市场小组的国内分部提出书面控告，该分部立即与进行倾销或补贴部门所在国联系，以弄清事实真相，做出判断。如果所提控告成立，应立即把附有详细申报单的材料递交给共同市场小组。如果共同市场小组在 20 天内解决不了这一问题，受害部门可以利用解决争端的原则程序，将书面控告递交给"仲裁法庭"裁定。[1]

（五）保障公平竞争环境

为了保障各方公平竞争机会，并在此基础上提供合理的产品价格及保障产品品质，而非保护既得利益者的最大收益，南方共同市场还采取了贸易竞争政策。根据 1994 年第 21 号决议（Decisión 21/94），南方共同市场的竞争规则秉持了四项最基本准则：一是防止企业之间的不正当竞争对市场价格造成扭曲，导致产生严重的利益分配不公；二是保障各类投资者在南方共同市场区域内享有与成员国国内企业相同的待遇；三是当外资企业并购市场占有率超过 20% 的国内企业时，需要通过成员国相关部门的审

---

[1] 吴缙嘉：《拉美和加勒比地区一体化困局——基于南方共同市场和拉美"太平洋联盟"的比较研究》，博士学位论文，中国社会科学院研究生院，2016，第 73 页。

核；四是各个成员国应制定各自的国内竞争法，并与其他成员国合作协商。如成员国认为其遭遇不正当竞争行为，可通过南方共同市场贸易委员会机制向其他成员国提出申诉，被申诉国应于 30 天内根据国内法规进行裁定。

1996 年 12 月，南方共同市场理事会对市场竞争政策做出进一步规划升级，包括限制优势企业滥用市场地位的行为，如固定价格、限制价格、市场划分、市场准入、搭售、价格歧视等。国家层面，各个成员国在市场竞争方面也出台了相应的政策。例如，阿根廷主要限制企业滥用市场优势获利的行为，将企业联盟、贸易抵制、垄断性并购、价格协商等行为视为违反竞争法，专门设立阿根廷商务企业部（Secretary of Commerce and Industry）中的竞争委员会来进行监督执行情况。巴西则坚持了科洛尔政府时期的经济开放政策，进一步撤销产业保护、扩大私有化。1994 年，巴西国会通过《巴西竞争法》（Federal Law No. 8884，the *Competition Law*），对不正当竞争行为做出更明确的规定。巴拉圭在加入南方共同市场之前，从未对市场竞争行为立法。1996 年，巴拉圭政府成立预备独立竞争委员会（Quasi-independent Competition Commission），监督市场占有率超过 20% 的企业的收购并购行为。该法案以南方共同市场及巴西竞争法为蓝本。同时，为保护国内消费者的权益，巴拉圭政府规定，国内产品售价不得高于同质产品的出口价格。乌拉圭于 2000 年通过相关法案，规范市场行为，不得控制商品价格或限制生产技术传播，以公平原则对待协定国，任何补充的次要协定都不得有损消费者权益，任何价格低于生产成本的产品都作为违反竞争条例处理。

三 南方共同市场的媒介

南方共同市场的定期出版物为《南方共同市场官方简报》，以西班牙语和葡萄牙语出版，最初为季刊，后改为半年刊。主要内容是通报南方共同市场各个机构做出的决定、决议、指令、声明、公告、建议，以及对争端的判决结果。南方共同市场秘书处每年出版一份《活动报告》，对秘书处一年的工作进行总结。

  Mercopress 新闻社是一家总部位于乌拉圭首都蒙得维的亚的在线新闻机构，成立于 1993 年，主要提供有关拉丁美洲的信息，特别强调南方共同市场成员国并关注该地区的岛屿地区，如马尔维纳斯群岛。自创立以来，该新闻社一直使用英语推送信息，2008 年又加推了西班牙语版本。①

————————

① 具体可参阅 http：//www. mercopress. com/。

第二章

贸易一体化

　　南方共同市场在成立之初的目标是建立一个货物、服务、资本和劳动力能够不受关税和非关税壁垒阻碍而自由流动的区域。它规定了建立对外共同关税，并且强调经济一体化和经济增长不得以环境恶化和社会动乱为代价。取消关税和非关税壁垒是贸易开放计划的主要目标，该目标在成员国之间逐步、连续和自动地实现。《欧鲁普雷图议定书》签署之后，南方共同市场从自由贸易区变成关税同盟。在南方共同市场贸易一体化进程中，各成员国获得了收益，也存在一些分歧。

第一节　贸易一体化红利

　　贸易一体化是南方共同市场早期获得成效最大的领域。自《亚松森条约》签订直至 2017 年，南方共同市场在贸易一体化方面先后经历了过渡期、增长期、低谷期和恢复期。其中，1998～1999 年是关键的转折点，贸易一体化由盛转衰。

一　从过渡期到增长期

　　从《亚松森条约》的签订一直到 1998 年，南方共同市场的区域内贸易比重基本保持上升的状态。1994 年之前是《亚松森条约》规定的过渡期①，基本目标是巩固一体化进程及扩大区域内贸易。南方共同市场制定

---

　　① 《亚松森条约》规定自条约生效之日起至 1994 年 12 月 31 日为过渡期。

了"贸易自由化计划",主要内容包括 1991~1994 年区域内贸易关税减免时间表及统一原产地规则。在这几年中,南方共同市场内部关税大幅下降,区内贸易持续增长。签订《亚松森条约》当年,巴西、阿根廷、乌拉圭和巴拉圭 4 国间的贸易总额仅为 51 亿美元。此后,由于大力推动关税减免政策,南方共同市场在克服各成员国经济不对称性以及宏观贸易条件的差异等困难后,一体化建设一直在"快车道"发展,区内贸易增长打消了许多人对南方共同市场发展的疑虑。过渡期结束后,南方共同市场区内贸易额在 1995 年达到 150 多亿美元,此后在 1996 年和 1997 年分别达到 174 亿美元和 211 亿美元。随着区域内贸易扩大,以及各成员国经济自由化程度提高,外资大量涌入,南方共同市场区内贸易占 4 国出口总量的比重也从 1991 年的 11.1% 增至 1997 年的 24.7%,1994 年,南方共同市场区内贸易占各成员国对外贸易总额的 19%。① 同一时期,南方共同市场推进内部资源整合力度,巩固了一体化进程,奠定了南方共同市场在国际贸易自由化进程中的领导地位,南方共同市场发展进入"增长期"。

在这一时期,巴西和阿根廷成为成员国中获得贸易一体化红利最多的国家,各自进出口贸易出现大幅增长。1991~1997 年,巴西出口平均增速达到 6%,对南方共同市场出口的平均增速则为 23%,是其整体出口增速的近 4 倍;巴西进口平均增速约为 12%,从南方共同市场进口平均增速约为 15%。阿根廷在 20 世纪 90 年代的出口增速约为 8%,对南方共同市场出口的增速为 19%;进口平均增速为 25%,从南方共同市场进口增长大约为 30%。南方共同市场成员国之间的贸易占比从 1990 年的 8.8% 上升到 1998 年的 25%。从 1990 年至 1998 年,南方共同市场内部贸易额增长了 5 倍,从 80 亿美元增至 410 亿美元,在整个世界贸易中所占份额也从 11% 增至 23%。② 1997 年,四国间贸易额已经达到 201 亿美元,巴拉圭和乌拉圭向南方共同市场出口额占其出口总额的比重分别从 1993 年的 39.5% 和

① 资料来源:联合国商品贸易(Comtrade)数据库。
② Lia Vails Pereira, "Toward the Common Market of the South: Mercosur's Origins, Evolution, and Challenges," *Mercosur Regional Integration*, *World Market*, Lynne Rienner Publishers, Inc 1999, pp. 17–18.

42.4%，增加到 1997 年的 52% 和 50%。20 世纪 90 年代末，巴西占阿根廷出口贸易的 1/3，巴拉圭出口的 40%，乌拉圭出口的 35%。[①]

二 从低谷期到恢复期

由于受巴西金融动荡和阿根廷金融危机的影响，南方共同市场区域内贸易占贸易总额的比重在 1998～2002 年出现了下降，从 1998 年的 23.23% 降至 2002 年的 13.86%，成为 1991 年以来的最低值。其中，出口下降 13.64 个百分点，进口下降 4.24 个百分点。从 2002 年开始，区域内贸易开始重新恢复，到 2009 年，区域内贸易比重上升至 16.28%，出口和进口分别达到 15.06% 和 17.76%。

由于南方共同市场成员国之间相对保守的贸易政策和贸易形势，全球金融危机对南方共同市场内部贸易的冲击并不大。2009 年，南方共同市场成员国区域内贸易总额占其贸易总额的比重为 14.15%，2010 年和 2011 年的比重分别为 14.19% 和 13.63%，高于 2008 年的水平。2012 年之后，成员国区域内贸易总额占其贸易总额的比重保持在 14% 之上，2016 年达到 15.14%，成为自 2008 年以来的最高值。具体到进口和出口方面，南方共同市场成员国在区域内进口方面的一体化程度高于出口，区域内进口额占进口总额的比重自 2008 年以来始终高于出口额占出口总额的比重（见图 2-1）。

第二节 削减贸易壁垒

一 建立关税同盟

（一）关税减让

早在南方共同市场成立之前，巴西和阿根廷之间就关税减免进行了有

[①] Wemer Baer, Tiago Cavalcanti, Peri Silva, "Economic Integration without Policy Coordination: the Case of Mercosur," *Emerging Markets Review*, No. 3, 2002, p. 273.

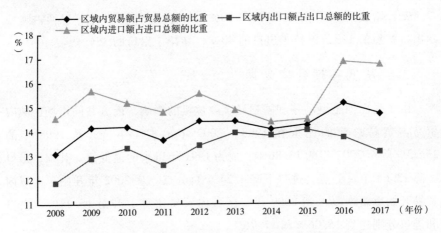

图 2 - 1   2008 ~ 2017 年南方共同市场区域内贸易额占比情况

资料来源：联合国 Comtrade 数据库。

益的尝试。1988 年 11 月，时任巴西总统萨尔内访问阿根廷，两国签署了《阿根廷 - 巴西一体化、合作和发展条约》，首次将两国间贸易关税降低。成效立竿见影，两国对对方的出口均实现了大幅提高。基于此，南方共同市场希望建立关税并最终建立一个拥有共同对外关税的自由贸易区。

1992 年 12 月，在南方共同市场理事会第三次会议上，4 个初始成员国一致同意南方共同市场最高共同对外关税不超过 20%。1994 年 12 月，在巴西黑金城南方共同市场 4 国首脑会议上，共同对外关税最终获得通过，并从 1995 年 1 月 1 日生效。根据南方共同市场理事会第 81 ~ 94 号决议，所有来自各成员国自由贸易区的产品在进入成员国本土市场时应支付共同对外关税。共同对外关税共分 10 档，从 0 到 20%，其中生产性原料为 0 ~ 6%，兽医药为 8%，水果为 10%，资本货物为 14%，电信产品为 16%，纺织品为 18% ~ 20%。关于资本货物执行共同对外关税的时间，南方共同市场理事会同意自 1995 年 1 月 1 日起，巴西和阿根廷可以有 6 年过渡期，乌拉圭和巴拉圭可以有 11 年过渡期。2000 年 1 月，成员国间已基本完成区域内零关税目标，例外项目仅有糖及汽车。到 2006 年 1 月 1 日，成员国开始执行小型电话交换机、个人电脑等电信产品的共同对外关税（见表 2 - 1）。

表 2 - 1　南方共同市场关税一体化进程时间

时间	项目	国家
1999 年 1 月 1 日	完成内部共同市场调整体系,共同对外关税启动	巴西、阿根廷
2000 年 1 月 1 日	完成内部共同市场调整体系,扩大共同对外关税成员	乌拉圭、巴拉圭
2000 年 12 月 31 日	3% 溢出关税截止期限	巴西、阿根廷、乌拉圭、巴拉圭
2001 年 1 月 1 日	例外清单产品执行共同对外关税	巴西、阿根廷、乌拉圭
2001 年 1 月 1 日	资本货物执行 14% 的共同对外关税	阿根廷、巴西
2006 年 1 月 1 日		乌拉圭、巴拉圭
2006 年 1 月 1 日	例外清单产品执行共同对外关税	巴拉圭
2006 年 1 月 1 日	电信产品执行 16% 的共同对外关税	巴西、阿根廷、乌拉圭、巴拉圭

资料来源：Organization of American States Foreign Trade Information System，SICE。

　　南方共同市场成立后，0 ~ 20% 的共同外部关税覆盖了区域内约 1/3 的贸易品以及例外清单中的 300 项商品。南方共同市场成员国的平均关税从 1985 年的 37.2% 下降到 1994 年的 11.5%。1994 年，巴西将对阿根廷的关税下调至 4.2%，对巴拉圭和乌拉圭的关税分别为 4.4% 和 4.9%。阿根廷对巴拉圭和乌拉圭的关税削减幅度小于对巴西产品削减关税的幅度。南方共同市场的平均关税也从 1986 年的 41% 下降到 20 世纪 90 年代末的 12%。[1]

　　具体商品方面，南方共同市场对区域内部货物贸易采取线性、自动的关税减让方法，基本上依照减让表进行。自 1993 年 7 月 1 日起，内部贸易减免了 75% 贸易品的关税。剩余 25% 的产品包括资本货物、电脑产品、通信设备、汽车、蔗糖。此后，每半年关税减少 7 个百分点，以期在 1994 年底基本消除所有关税和非关税贸易壁垒，形成自由贸易区。根据《欧鲁普雷图议定书》，各国应该尽快将例外清单上的商品项目数减少，实现完全自由贸易。其中，阿根廷和巴西需要在 1999 年之前完成目标，乌拉圭和巴拉圭在 2000 年完成目标。1995 年，南方共同市场近 95% 的内

①　Werner Baer, Tiago Cavalcanti, Peri Silva, "Economic Integration without Policy Coordination: the Case of Mercosur," *Emerging Markets Review*, No. 3, 2002, pp. 271 - 272.

部贸易全部免除了关税。1996 年，4 国的例外清单产品目类也实现了大幅下降（见表 2-2）。① 1997 年 6 月，在亚松森举行的第 12 次南方共同市场首脑会议上，各成员国就如何加强现行关税同盟、消除内部贸易障碍等问题发表了联合公报，重申了决心完善关税同盟、加强共同贸易政策和巩固集团统一性的立场。

表 2-2　1996 年南方共同市场国家平均关税

单位：%

国家	平均关税		平均关税（进口加权）		平均关税（例外清单）	
	对外	对内	对外	对内	对外	对内
阿根廷	11.78	0.36	13.37	0.86	14.33	11.69
巴西	13.14	0.02	15.44	0.02	21.39	10.20
巴拉圭	8.79	0.80	5.18	0.37	6.83	24.91
乌拉圭	10.78	0.88	11.01	1.77	5.92	19.73
南方共同市场	11.15	0.00	11.09	0.00	—	—

资料来源：Marcelo Olarreaga and Isidro Soloaga，"Endogenous Tariff Formation：The Case of Mercosur," *The World Bank Economic Review*, Vol. 12, No. 2, 1998, p.301。

1994 年 8 月，4 国签署了有关协议，决定从 1995 年 1 月 1 日起对 85% 的进口商品（共 9000 种商品）实行共同对外关税，平均税率为 14%。同时，对来自成员国免税区的商品也适用于共同对外关税。由于成员国之间经济发展水平存在差异，各国对建立关税同盟的立场有较大不同，关税协议包括许多例外的规定，主要体现在资本货物、电信产品和信息化产品等部门。其中，资本货物的共同对外关税计划在 2001 年实现，电信产品和信息化产品共同对外关税计划在 2006 年实现。此外，共同对外关税允许每个国家确立自己的例外清单，阿根廷、巴西、乌拉圭和巴拉圭各自拥有 232 项、232 项、212 项和 253 项例外产品，占各自可贸易商

---

① Marcelo Olarreaga and Isidro Soloaga，"Endogenous Tariff Formation：The Case of Mercosur," *The World Bank Economic Review*, Vol. 12, No. 2, 1998, p.301.

品项目数的比重分别为 16.9%、17.6%、21% 和 23%。例外清单上商品的对外关税将逐步向共同对外关税靠近。①

由于经济的特殊性，南方共同市场在共同对外关税设定方面较为灵活，危机袭来之时可适当提高关税水平。例如，1997 年 12 月，在蒙得维的亚举行的南方共同市场第 13 次首脑会议上，各国一致决定从 1997 年 12 月 1 日起，将共同对外关税提高 3 个百分点，应对亚洲金融危机的冲击。此举实现了南方共同市场在应对外部冲击上的行动一致性。因此，在 1997 年 11 月 14 日至 2000 年 12 月 31 日期间，南方共同市场的共同对外关税从 20% 提高至 23%，但仅适用于巴西和阿根廷，乌拉圭和巴拉圭并未执行。再如，2009 年 12 月，南方共同市场决定将共同对外关税例外产品清单机制和特别进口机制的实施期限由 2010 年底分别延期至 2011 年 12 月 31 日和 2016 年，并提高部分产品的共同对外关税。

2000 年，南方共同市场成员国决定开启地区一体化进程的新阶段，这也被称为"南方共同市场的重新启动"。各国政府优先考虑以下问题：边界手续的灵活化、统一共同对外关税和取消双重征税、关税在成员国之间的分配标准、南方共同市场的机构建设、对外关系等。2001 年 10 月，南方共同市场成员国在拉丁美洲一体化协会总部正式签署了汽车贸易协定。规定自 2001 年 10 月 11 日至 2006 年 12 月 31 日在南方共同市场成员国内部生产并销售的各式汽车及配件关税降为零，对区域外汽车、农用机车和配件分别征收 35%、14% 和 2% 的共同进口关税。2004 年，理事会第 54/04 号决议确定了向完全实现关税同盟转变的指导方针，规定从南方共同市场以外地区进口的商品如果履行了共同关税政策，将可以享受南方共同市场原产地产品的待遇。

（二）例外清单制度

为照顾到成员国之间经济发展的差异，保护敏感的民族工业，南方共同市场理事会决定建立例外产品清单制度。被列入例外产品清单的产品可

---

① Marcelo Olarreaga and Isidro Soloaga, "Endogenous Tariff Formation: The Case of Mercosur," *The World Bank Economic Review*, Vol. 12, No. 2, 1998, pp. 297 – 320.

不执行共同对外关税，仍按照成员国各自制定的关税进行贸易。在南方共同市场理事会第 6 次会议上，同意阿根廷、巴西和乌拉圭各自例外产品清单的产品到 2001 年 1 月 1 日时最多不超过 300 项，但允许巴拉圭届时最多不超过 399 项产品。其中，乌拉圭实际上仅提出 212 项例外产品，绝大部分是工业和农牧业生产所需的投入品和原料。根据协议规定，到 2006 年，各成员国将取消例外清单。

以阿根廷为例（表 2 - 3 和表 2 - 4）。1995 年 1 月，阿根廷平均关税为 21.6%，涉及 223 项具体商品。其中，家具及配件、橡胶制成品、纸浆、电子设备、服装和雨鞋等是保护程度最高的商品种类（按照 SITC 两位编码）。咖啡、茶和可可等农产品受到了保护。在公布例外清单时，阿根廷 231 项商品的平均关税已经降至 17.4%，但是工业机器、电子设备等高端制成品的平均关税较 1995 年 1 月时有所提高，这说明保护民族制造业成为阿根廷当时参与南方共同市场关税减让的重点考量。

表 2 - 3　阿根廷南方共同市场内关税（1995.1）

单位：%

SITC	种类	平均关税	最高	最低	项目数
5	水果和蔬菜	14	14	14	2
7	咖啡、茶、可可	23	23	23	1
24	软木和木材	16	16	16	1
57	初级塑料	18	18	18	1
62	橡胶制成品	23	23	23	4
63	软木和木材制成品	18	18	18	3
64	纸浆	23	23	23	24
67	钢铁	19.7	23	16	123
69	金属制成品	23	23	23	3
77	电子设备	26	27	23	4
82	家具及配件	23	23	23	1
84	服装	27	27	27	43
85	雨鞋	27	27	27	13
	总　计	21.6	21.9	21.1	223

资料来源：Peter Coffey, *Latin America-Mercosur*, Massachusetts: Kluwer Academic Publishers, 1998, p. 104。

表 2 – 4 阿根廷共同对外关税例外清单 （1995.1）

单位：%

SITC	种类	平均关税（%）	最高（%）	最低（%）	项目数
5	水果和蔬菜	19	19	19	2
11	饮料	2	2	2	1
23	橡胶（未处理）	2	2	2	1
29	动物和植物种子	14	14	14	3
51	有机化学材料	2	2	2	65
52	无机化学材料	8	17	2	5
53	染料	2	2	2	1
54	药品	2	2	2	10
58	非初级塑料	22	22	22	4
62	橡胶制成品	23. 3	24	22	3
64	纸浆	24	24	24	10
65	纱线和纺织品	6	6	6	2
67	钢铁	23. 3	24	19	37
68	非铁金属	19. 3	22	17	18
69	金属制成品	22. 8	29	6	10
74	工业机器	29	29	24	6
76	电信产品	27. 8	29	29	3
77	电子设备	29	29	24	17
78	陆上交通工具	24	29	29	2
82	家具及配件	29	24	24	4
85	雨鞋	24	29	29	17
89	其他制成品	24	24	24	10
总　计		17. 4	18. 4	15. 6	231 *

注：* 原文如此。

资料来源：Peter Coffey, *Latin America-Mercosur*, Massachusetts：Kluwer Academic Publishers, 1998，p. 103。

（三）建立关税同盟

南方共同市场的根本目标是逐步建立和完善共同对外关税体系，实现关税同盟，使各个成员国之间的商品贸易基本实现互免关税。2000 年，南方共同市场内部自由贸易已基本实现。[①] 但是，在共同对外关税方面的进展相对缓慢。2010 年 8 月，南方共同市场通过《共同关税条例修订案》，主要内容有：允许其成员国在不超过世界贸易组织规定标准的前提下，对部分区域外进口商品提高关税，以进一步达成"巩固关税同盟计划"；逐步取消对区域外商品的双重征税，优化关税收入在成员国之间的分配；扩大区域内贸易和促进贸易投资，明确在 10 年内全面推行共同关税。为此，南方共同市场制定了"三步走"的计划，计划在 2019 年前最终建成共同关税区。

2012～2013 年是建立关税同盟的第一步。这一阶段的主要任务是保证域外商品进入南方共同市场后可享受共同关税政策 (Política Arancelaria Común，PAC)，发放各成员国认可的 PAC 相关标识。如商品第一进口国征收的关税小于商品最终流入国关税，则商品最终流入国应按照商品第一进口国的税率征收关税，但共同关税条例中规定的特殊产品仍执行现有关税。在税收分配方面，关税仍由各成员国征收，如商品的消费涉及两个或以上进口国，则商品第一进口国应将征收的关税转交给商品的最终消费国。2014～2018 年是建立关税同盟的第二步。这一阶段的主要任务是解决区外货物在南方共同市场内的自由流通以及享受共同关税政策，对区外货物征收的共同关税应保持在 2%～4%，在参与生产过程后可在南方共同市场内部自由流通，享受共同关税政策优惠的产品在南方共同市场所有成员国均有效。共同市场小组将制定可享受一般共同关税的货物清单。各成员国自主征收关税，但依据各成员国对进口货物的消费制定关税分配体系，同时依据自动、灵活、可追踪和可控的原则设立税收转移体系。2019 年之后是建立关税同盟的第三步。这一阶段确保上述两阶段未能解决的区外货物享受共同关税政策，在南方共同市场内部自由流通并参与南方共同市场内部生产过程。[②]

---

① 1991～2000 年，南方共同市场分两步走完成了自由贸易区建设，但汽车和蔗糖贸易在成员国之间并未实现完全自由流通，南方共同市场内的汽车贸易根据阿根廷和巴西、阿根廷和乌拉圭以及巴西和乌拉圭三个双边协议进行，蔗糖则从未被南方共同市场讨论过。

② 吴缙嘉：《拉美和加勒比地区一体化困局——基于南方共同市场和拉美"太平洋联盟"的比较研究》，博士学位论文，中国社会科学院研究生院，2016，第 80 页。

二 取消非关税壁垒

（一）原产地规则

在南方共同市场成立初期，由于有许多产品暂时未能列入共同关税范围内，为防止区域外国家利用例外清单和各个成员国之间不同的关税进行套利，利用南方共同市场关税较低的成员国将产品出口到关税较高的成员国，南方共同市场成员国在鉴定原产地产品的规则以及证明和核实原产地产品的程序方面达成了一致，决定建立原产地制度。只有满足原产地规则的产品才可以在各个成员国之间自由流通。根据鉴定原产地产品的规则，如下产品可视为成员国的产品：一是在任何一个成员国的领土上完全使用其他成员国的原料，或至少使用 60% 来自成员国的原料加工成的产品；二是使用来自非成员国的原料，但在某个成员国领土上进行加工，已给予原料新的属性，并具有南方共同市场共同货单特点的原料加工成的产品；三是在成员国领土上包括狩猎、捕捞、开采、收割、获得或加工的动植物产品或矿产品。这些产品可以享受贸易开放计划所确定的优惠待遇。

成员国可以按照共同协议的精神对原产地做出特殊规定。为使原产地产品获得减税和取消限额的优惠，在进行贸易的过程中，产品附带的文件里应该有一份申报单，证实产品符合原产地规则。申报单由最终生产者或商品出口商填写，得到具有法人资格的官方分发单位或行业单位证实，由出口商所在国的政府授予资格，成员国政府要求出具证书的行业单位承诺对其出具的证明的真实性负责，原产地证书的有效期为 180 天。获优惠待遇的原产地商品由出口国在有关国家的海关当局监视下输送到进口国。原产地证明应符合 1994 年颁布的、对第 18 号经济互补协定补充的第 8 号议定书所采取的南方共同市场原产地条件所确定的原则。

（二）放松管制和取消配额

1986 年，巴西的平均关税接近 80%，阿根廷的平均关税接近 41%，巴拉圭和乌拉圭分别为 20% 和 36%。1996 年，四国的平均关税降至 9% ~

13%，与国际标准十分接近。① 自 1990 年以来，除汽车产业之外，南方共同市场各个成员国之间的非关税壁垒实质上已大大降低。

南方共同市场成员国中，阿根廷最先放松了农业方面的管制。1991～1994 年，巴西实现了国际收支盈余。1995 年 6 月，巴西宣布自 1996 年 1 月 1 日开始对汽车进口实行配额限制。在实施之前，阿根廷和巴西进行了磋商，并妥善解决了这一问题。协调的内容为：阿根廷和巴西的公司可以从对方以零关税进口汽车或汽车配件，但前提必须是进口和出口的数量相同。但是，作为补偿，阿根廷在 1998 年之前享有对巴西总出口达 85000 辆汽车的配额。在建立起对第三国的贸易保护之后，阿根廷和巴西尝到了甜头，并于 1996 年 7 月将汽车产业的进口配额延伸至其他产业，此举引起了世界银行的批评。② 2015 年 12 月 9 日巴西和乌拉圭签署了首个南方共同市场国家间汽车领域自贸协议，决定自 2016 年 1 月 1 日起取消对客车、大巴、卡车、农机用车、轮胎和其他汽车零部件的进出口配额限制。目前，巴西与阿根廷、哥伦比亚、墨西哥签署了零关税汽车自贸协议，但相关协议均限制了不同型号的配额。

三 服务贸易协定谈判

服务贸易又称劳务贸易，指国与国之间互相提供服务的经济交换活动。服务贸易有广义与狭义之分，狭义的服务贸易是指一国以提供直接服务活动形式满足另一国某种需要以取得报酬的活动。相较于货物贸易，无论是学术研究还是具体实践，服务贸易起步较晚。因此，在南方共同市场谈判初期，货物贸易是各成员国谈判的重点。《亚松森条约》的附件一对货物贸易自由化进程进行了详细的规定，包括成员国取消关税和非关税壁垒等内容，而对于服务贸易的自由化却未提及。

① Marcelo Olarreaga and Isidro Soloaga, "Endogenous Taridd Formation: The Case of Mercosur," *The World Bank Economic Review*, Vol. 12, May, 1998, pp. 301 - 302.

② Peter Coffey, *Latin America-Mercosur*, Massachusetts: Kluwer Academic Publishers, 1998, p. 16.

　　《亚松森条约》的附件五建立了十个工作小组，以辅助共同市场小组"协调宏观经济及部门政策"的工作，这其中包括了负责服务部门政策协调的三个小组，即负责金融服务部门自由化的第四小组、负责内陆运输服务自由化的第五小组、负责水路运输服务的第六小组以及负责能源政策的第九小组。

　　1992年6月，南方共同市场理事会通过了《拉斯勒纳斯机制》，为南方共同市场在1994年12月31日之前正常运行规定了多种措施，其中就包括通过一般纪律和义务谈判或国内立法协调或就具体部门建立共同认可协议等方式提高服务贸易自由化程度的措施。该机制还授权第十工作小组下成立的服务贸易委员会在1993年12月之前起草服务贸易框架协议。[①]此后，服务贸易委员会被服务临时工作组取代，并将服务贸易框架协议的起草时间延长至1996年9月，用以确保该框架协议符合服务贸易总协定（GATS）[②]第5条"经济一体化"的规定。

　　1997年12月《蒙得维的亚议定书》被批准之后，南方共同市场国家按照《蒙得维的亚议定书》逐步自由化框架针对各个国家的具体服务承诺水平进行了七轮谈判，商定以各国GATS承诺表为基准线扩大承诺范围和深度。由于各成员国国内法律制度差异较大，利益诉求也较为不同，在1999年进行的第一轮谈判中大多数服务部门开放的提议被否决，谈判成果十分有限，仅有阿根廷单方面做出的基础生活设施建设等服务部门的承诺。2000年进行的第二轮谈判通过了《深化服务贸易具体承诺的指导方针》，明确了谈判的具体目标和时间框架，要求成员国公布有关各服务部门的国内立法现状以及对市场准入和国民待遇的规制，并在两年内做出实质开放举措。该指导方针的通过大大增强了南方共同市场各成员国开放服务部门的决心，随后进行的第三、第四、第五轮谈判，各国在娱

---

① Gabriel Gari, "Free Circulation of Services in Mercosur: A Pending Task," *Law & Business Review of the Americas*, Vol. 10, 2004, p. 547.

② GATS是1982年美国在关税及贸易总协定（GATT）部长级会议上提出进行多边服务贸易谈判的建议，1986年的"乌拉圭回合"谈判将服务贸易纳入谈判议题。直到1993年12月"乌拉圭回合"谈判结束时，《服务贸易总协定》达成，于1995年正式生效。

乐、文化、体育、运输、视听等服务部门均做出了承诺。然而，各国仍然无法就实施具体承诺所采取的共同措施特别是在非承诺部门准入规制方面达成共识，巴西甚至拒绝提供其非承诺服务部门方面的国内信息。面对谈判现状，2005 年展开的第六轮谈判集中分析了各成员国协调具体服务部门规则的可能性，特别探讨了对公司注册登记以及房地产公司的共同认可制度建立。然而这些探讨只集中在理论层面，各国最终并未采取任何实际行动。2007 年展开的第七轮谈判，意在建立一个政府级别的自由化保障机构并实现各国国内政策方面的合作，扫清具体承诺障碍。截至 2010 年，南方共同市场国家已将大部分服务部门和分部门纳入承诺的范围。[①]

第三节　贸易一体化中的分歧和冲突

1995 年《欧鲁普雷图议定书》签订后，南方共同市场国家间一些贸易相关问题得到解决，但大多数贸易争端被搁置，尤其是与非关税贸易壁垒相关的内容。由于南方共同市场没有建立超越主权的机构来调解纠纷和冲突，各国在遇到问题时往往倾向于直接采取单边措施而不进行磋商。这就造成南方共同市场在贸易争端解决方面缺乏有效的约束机制，反映出其贸易一体化方面的脆弱性。

一　贸易融资冲突

1997 年 3 月 25 日，由于国际收支持续赤字，巴西政府宣布了 1569 号临时性措施（Medida Provisória 1569），要求巴西的进口商为扩大的进口额缴纳现金。这意味着进口商通常使用的低息美元贷款进口受到限制。低息美元贷款无须立即偿还，进口商可以将资金在巴西国内投资，获取高利率，从而赚取利差。巴西政府这一临时性措施使巴西包括从南方共同市场

---

① 关于南方共同市场服务贸易协定条文的具体内容可参见张志儒《南方共同市场服务原产地规则研究》，硕士学位论文，西南政法大学，2013，第 11 ~ 15 页。

其他国家的进口在内的 65% 的进口受到影响。[1] 南方共同市场其他国家立即做出反应，认为巴西此举是霸权的体现。乌拉圭出口商协会的发言人认为巴西这样做损害了其贸易伙伴国的利益。阿根廷工业联盟的副主席也提出，巴西采取这一措施影响了市场公平，如果冲突在短时期内无法得到解决，南方共同市场的延续将受到威胁。[2] 由于受到来自各方的压力，巴西不得不与南方共同市场的其他成员国进行磋商，并最终达成一项临时性协议。协议规定，在 1997 年 7 月 21 日之前，进口商品来自南方共同市场其他成员国的船只，只要进口额低于 40000 美元，可免于缴纳现金。[3] 阿根廷对于巴西的临时性措施并不满意，但是包括阿根廷在内的其他南方共同市场国家都很清楚，巴西经济总量足够大，以至于可以随意采取单边措施。因此，阿根廷方面也认为，如果巴西国际收支失衡进一步扩大，造成类似于墨西哥危机式的负面影响，对阿根廷的冲击将更大。[4] 最后，阿根廷的出口并没有受到巴西方面的严重冲击，而巴西的进口总额还是从 1997 年 3 月的 48.4 亿美元增加到 1997 年 7 月的 60.5 亿美元。[5]

此后一段时间，直到 1999 年巴西发生金融动荡，南方共同市场国家对于一体化进程中的贸易冲突容忍度较高，而巴西往往是引起冲突的主要一方。贸易冲突反映出南方共同市场一体化进程中的症结所在：巴西占南方共同市场经济总量的 3/4，具备操纵一体化进程的潜力，因此巴西的压倒性地位使南方共同市场的一体化并不均衡。

二 贸易分歧

南方共同市场成员国之间的贸易冲突在两个地区大国——巴西和阿根廷之间最为突出。由于两国在汇率制度和贸易结构等方面存在不对称性，

---

[1] Jeffrey W. Cason, *The Political Economy of Integration: The Experience of Mercosur*, New York: Routledge, 2011, pp. 96 – 98.

[2] La Nación (Argentina), "Gestión de Fernández para Superar la Crisis con Brasil," March 29, 1997.

[3] Inter Press Service, "Integration: Argentina Toughens Up on Brazil," April 21, 1997.

[4] La Nación (Argentina), "Mercosur: en Brasil, Esperan más Limites," April 6, 1997.

[5] Secretaria de Comércio Exterior de Brasil.

从南方共同市场过渡期开始就存在一些争端。汽车、纺织品、鞋、白色家电、乳制品和轮胎是南方共同市场成员国之间存在贸易限制最多的产品种类。例如，在过渡期内，阿根廷就曾多次提出保护条款，并且对巴西出口产品发起了 13 次反倾销调查。其中，阿根廷的纸张、钢铁、纺织和衣物等行业内的私营企业联合起来抵制巴西同类型的出口产品。①

巴西和乌拉圭之间也曾因环境问题产生贸易分歧。2000 年，为了减少废弃轮胎有毒物质对自然环境以及居民健康的不良影响，巴西通过了 Portania SECEX 8/2000 号法令，禁止二手翻新轮胎进口。2001 年 8 月，乌拉圭向南方共同市场申请发起仲裁程序，声称巴西的 Portania SECEX 8/2000 号法令构成了对南方共同市场国家之间贸易的限制，违反了巴西在南方共同市场的义务。2002 年 1 月 9 日，南方共同市场仲裁法庭认定巴西的相关措施违反了共同市场理事会 2000 年 6 月 29 日做出的 22 号决议，对南方共同市场国家之间的贸易构成限制。

汇率调整导致巴西和阿根廷贸易不平衡是自南方共同市场建立以来两国贸易分歧的最主要原因。第一次汇率调整发生在阿根廷实行"货币局制度"时期。为应对高企的通货膨胀，1991 年，阿根廷政府通过可兑换计划（Convertibility Plan），将比索对美元的汇率固定在 1:1，形成"货币局制度"。汇率制度改革使阿根廷通货膨胀率急剧下跌和阿根廷比索对美元的持续升值，而在另一边，巴西持续的高通货膨胀率则导致雷亚尔对美元持续贬值，两方面的共同结果是雷亚尔兑比索的持续贬值。1990 年，阿根廷对巴西还保持了 8.53 亿美元的贸易顺差，1993 年便转为逆差，逆差额为 10.31 亿美元。由于同巴西出现持续的贸易逆差，阿根廷政府在 1992 年采取了一系列贸易保护措施，将进口"统计税"（Statistical Tax）从 3% 提高至 10%，并且实行反倾销措施以保护本国工业品。第二次汇率调整发生在巴西实行雷亚尔计划时期。1994 年 7 月，巴西通过雷亚尔计划抑制长期高企的通货膨胀率。通过汇率价格传递，

① Riordan Roett, *Mercosur*: *Regional Integration*, *World Markets*, London: Lynne Rienner Publishers, 1999, p. 13.

雷亚尔对美元持续升值。由于阿根廷实行"货币局制度",阿根廷比索兑美元汇率固定,实际上导致雷亚尔对阿根廷比索升值。因此,巴西对阿根廷出口受损,从 1994 年的 1.7 亿美元的贸易顺差变成 1996 年的 22.5 亿美元的逆差。针对贸易形势的恶化,巴西采取了一系列贸易保护主义措施。巴西首先于 1995 年提高了汽车进口税,并且对一些敏感产品实施了进口配额。1997 年,巴西又对敏感产品进行辨别进口执照识别。虽然南方共同市场常设审查法庭对巴西的这种贸易保护行为进行谴责,要求其于 1999 年底之前取消保护,但由于没有有效的惩罚措施,巴西并未遵循。第三次汇率调整实际上是第二次的延续。20 世纪 90 年代,新兴经济体接连爆发的金融危机使阿根廷和巴西两国的汇率之争恶化。1997 年亚洲金融危机爆发后迅速蔓延至拉丁美洲,而巴西自雷亚尔计划以来,雷亚尔汇率一直处于升值区间,金融危机的冲击使雷亚尔钉住美元难以为继。1998 年的俄罗斯货币危机使巴西成为遭遇打击最严重的拉丁美洲国家。为了维护货币汇率的稳定和吸引外资,巴西被迫消耗大量外汇储备,并不断抬高利率。巴西的外汇储备从 1998 年 5 月底的 700 多亿美元降至该年底的 400 多亿美元,国内利率则被提高至 50%。更为严重的是,1998 年底,巴西国会没有通过财政调整计划中增加公务员福利税和对退休公务员征收福利税的法案,而 1998 年财政收支赤字、贸易和经常账户逆差均超过了预期水平,市场信心崩塌并最终引发了投机性冲击,迫使巴西央行于 1999 年 1 月 15 日宣布雷亚尔对美元自由浮动,大幅贬值。此次雷亚尔贬值对包括巴西在内的所有南方共同市场国家造成了巨大的负面影响。雷亚尔贬值的贸易影响立竿见影,巴西同阿根廷的贸易赤字在一年内从 12.82 亿美元(1998 年)迅速降至 4.48 亿美元(1999 年)。雷亚尔贬值使巴西的商品价格相对于阿根廷的商品便宜得多,对于阿根廷生产的同质产品产生了负面冲击,无论在南方共同市场区域内还是区域外。阿根廷的出口在 2000 年受挫,影响了阿根廷的经济增长,当年 GDP 萎缩 5%。阿根廷方面认为,其经济衰落的根本原因是巴西实行的浮动汇率机制。两国因汇率制度产生的贸易分歧在这一次被严重激化。

三　代表性产业：汽车贸易

南方共同市场成员国之间贸易一体化长久以来的冲突聚焦在汽车产业。因为该产业是经济中最为重要的产业部门，且技术含量高，各个国家均希望保持其汽车产业的竞争力。巴西、阿根廷和乌拉圭都具备生产和出口汽车的能力。尤其是阿根廷和巴西两个发展程度较高的国家，汽车产业上下游的延伸对于各自工业发展，尤其是制造业的发展起着举足轻重的作用。

南方共同市场在汽车产业上始终表现出一种封闭的、高度的保护主义。在南方共同市场成立初期，区域内国家间汽车行业的产业内贸易占比达到33%以上。① 南方共同市场贸易委员会专门成立了一个特别委员会，负责汽车自由贸易谈判。1991～1994年的过渡时期，汽车未被列入共同对外贸易协定中。1996年，为弥补同阿根廷在汽车产业方面的贸易不平衡，巴西对阿根廷自巴西进口的汽车实行零关税。双方原本计划在2000年1月1日签署一项新的汽车贸易协定，但由于始终不能达成一致而搁置。

南方共同市场成立之后，两国作为南方共同市场主要汽车生产国，就汽车贸易进行了多次谈判。谈判的目标是在2006年1月起全面取消关税壁垒，实现汽车自由贸易。这是南方共同市场一体化的目标之一。② 1994年，南方共同市场第6次共同市场理事会上通过的《欧鲁普雷图议定书》中，汽车产业就成为争论的焦点。巴西和阿根廷都不愿因一体化程度加深而放弃该产业的自主权。此外，各国都积极吸引外国直接投资进入本国汽车行业。最终，《欧鲁普雷图议定书》避开了汽车行业一体化的内容，将这一焦点问题留在未来解决。阿根廷和巴西同意在双边层面采取临时性措施保证汽车产业贸易一体化的推进。例如，阿根廷首先做出让步，只要阿根廷向巴西出口的汽车零部件价值总额和巴西出口到阿根廷的总额相当，巴西制造的汽车零部件就可以和阿根廷国内制造的汽车零部件同等待遇。

---

① Thomas, A., & Haar, J., "The Impact of Mercosur on the Automobile Industry," *Automotive History Review*, 2013.

② Wemer Baer, Tiago Cavalcanti, Peri Silva, "Economic Integration without Policy Coordination: the Case of Mercosur," *Emerging Markets Review*, No. 3, 2002, p. 273.

同时，巴西方面则允许阿根廷生产的特定型号的小轿车在巴西国内与其本国生产的汽车待遇相同。但是，两国均保留了汽车行业内更大的自主权，可随时更改针对对方的产业政策。换句话说，这意味着两个国家在贸易一体化方面保留了一些限制。

1995 年 6 月 13 日，面临较大规模的贸易逆差，巴西率先采取行动，宣布自 1995 年下半年开始限制汽车进口，限制幅度上限为该年度上半年汽车进口总额的一半。这一规定对于所有国家一视同仁，因此阿根廷对巴西的汽车出口受到不利影响。巴西单方面采取的限制进口措施使南方共同市场贸易一体化遭遇瓶颈。在此之前，巴西已经于 1995 年 4 月将汽车的进口税从 20% 提高到 35%。阿根廷方面迅速做出反应，梅内姆总统宣称将缺席当年 6 月在圣保罗举行的南方共同市场领导人峰会。于是，巴西方面只好做出让步——该政策对于南方共同市场国家的适用性将延迟 30 天做出二次裁定。30 天之后，两国达成一致："1995 年下半年，阿根廷将继续享有之前规定的一切向巴西出口汽车的权利，此后两国将再次商议进行汽车行业一体化的细则以及对外共同关税。"[①]

2004 年，阿根廷坚持拒绝按原计划在 2006 年全面开放汽车市场，南方共同市场汽车贸易谈判再度陷入僵局。造成这一困境的原因在于阿根廷和巴西两国的汽车工业完全被外资控制，基本上成为欧美和日本的汽车跨国公司在两国开设的汽车装配厂或零部件加工生产厂。但是两国的生产规模极不平衡，巴西汽车零配件的生产规模是阿根廷的 4 倍，加上汇率、劳动力价格等因素，阿根廷在与巴西的汽车及其零部件贸易中一直处于劣势。因此，阿根廷汽车工业企业要求政府采取保护措施，防止因市场开放对本国工业带来冲击。2015 年 12 月 9 日，巴西和乌拉圭签署了首个南方共同市场国家间汽车领域自贸协议，决定自 2016 年 1 月 1 日起取消对客车、大巴、卡车、农机用车、轮胎和其他汽车零部件的进出口配额限制。

---

① 事实上，阿根廷出口到巴西的汽车总额不及巴西汽车总进口额的 5%。

第三章

经济一体化

20世纪90年代以来，以跨国公司为主要载体、以市场经济为主要特征的经济全球化成为无法阻挡的世界潮流，大多数国家和地区在积极调整自己的经济结构、体制和政策，以适应经济全球化。经济全球化的主要特征是贸易自由化、生产国际化和金融全球化。其中金融全球化是金融自由化推动各国金融制度和市场结构趋同的结果。1998年，南方共同市场正式提议建立货币联盟，希望参照欧盟模式推进本区域的货币一体化。此后，巴西和阿根廷分别在1999年和2001~2002年遭遇金融危机，南方共同市场的发展在这一时期遭到重创，货币与金融一体化随即停滞。

第一节　货币与金融一体化

货币联盟的目的是以最低的政治代价来处理失衡及财政和货币调整的问题。组成货币联盟的成员国之间在经济理念上的差异会影响货币联盟的效果。南方共同市场成立初期就确立了货币与金融一体化议程，但进展十分缓慢。

一　全球金融一体化

20世纪90年代起，包括拉美国家在内的新兴经济体爆发了一系列金融危机，其主要表现为因不适宜的汇率制度诱发的金融危机通过贸易、投资等渠道对其他经济体产生了广泛的影响。在开放经济条件下，金融危机导致的市场信心崩塌会诱使国际资本流动的突然中断，从而扩大并加重传

染效应的范围和程度。

面对经济和金融全球化所带来的风险，以及单个国家应对金融危机的有限能力，国家之间的合作与协调成为经济全球化背景下金融一体化的内在要求和体现。区域货币一体化是指一个地区的国家为建立相对稳定的货币区进行货币协调与合作，组建一个由统一的货币管理机构发行单一货币、执行单一货币政策的区域性货币联盟。虽然各成员国必须放弃独立的汇率和货币政策，但是货币一体化有利于降低交易成本、防控金融风险、提升透明度、促进贸易和投资、增强经济结构调整动力以及提高各国在国际市场上的竞争力。

2002 年 1 月 1 日，欧元作为一种全新的国家货币正式登上历史舞台；亚洲货币合作也取得明显进展，"清迈倡议"下的双边货币互换以及亚洲债券市场建设，2007 年《东盟宪章》的签署等标志着亚洲货币合作迈出实质性的步伐。与此同时，受欧盟和亚洲金融一体化的影响，南方共同市场内部也在 1997 年出现建立货币联盟的声音，希望通过金融一体化应对危机、规避风险，南方共同市场货币一体化进程也自此正式启动。

二 货币与金融一体化进程

尽管《亚松森条约》早在 1991 年就确立了南方共同市场成员国之间宏观经济合作的目标，但是直到 1997 年 4 月 8 日南方共同市场建立统一货币的设想才出现在一则名为《给南方共同市场的一个建议》的新闻报道中。[1] 1993 年 7 月，南方共同市场第四次首脑会议上，各国决定建立汇率调节机制，实行共同汇率政策，避免因汇率波动造成的贸易不平衡。

1997 年 4 月 27 日，时任阿根廷总统梅内姆提出在南方共同市场建立统一货币。彼时，阿根廷实行的货币政策是钉住美元的"货币局制度"，因此梅内姆更倾向于在南方共同市场实现经济"美元化"。1998 年，南方共同市场成员国在阿根廷签署了《乌斯怀亚法案》，宣布未来南方共同市场除将加强宏观经济合作外，重点探索金融和投资一体化政策，并考虑建

---

① 左品：《南方共同市场货币一体化进程与前景分析》，《拉丁美洲研究》2010 年第 2 期。

立统一货币的可能性。虽然此次会议没有为上述目标制定具体细节，但这是南方共同市场首次正式提出将建立货币联盟作为一个长期目标。1999年，南方共同市场确定通过协调成员国的汇率和宏观经济政策，建立本地区货币联盟的战略目标。[①] 2000年，南方共同市场4国经济部长和央行行长在巴西圣保罗市举行会议，就共同经济目标、统一国民经济方法、财政状况和公共债务的约束、货币和资本市场的统一监控、建立更高层次的宏观经济对话机制等达成共识。本次会议在货币和金融一体化方面的贡献包括：成员国在定义和衡量主要的宏观经济变量上统一标准，保证汇率在正常范围内波动，成立一个地区中央银行以防止货币贬值，将各国通货膨胀率控制在3.0%以内，各国金融赤字不得超过GDP的3.0%，等等。[②] 2000年6月29日，在阿根廷首都布宜诺斯艾利斯举行的南方共同市场第18次首脑会议上，各国提议建立欧盟"马约"式的货币同盟，确定相互投资准则及加强社会领域合作的具体协议。

1999年和2001年，巴西与阿根廷先后爆发金融危机。两国忙于应对危机，在货币和金融一体化方面的合作基本停滞。2003年，时任阿根廷总统杜阿尔德与巴西总统卢拉举行会谈，表示要重兴因受经济危机影响而陷入发展危机的南方共同市场一体化进程，并商讨建立南方共同市场议会和在南方共同市场内采取独立的统一货币的可能性。2005年12月，南方共同市场在乌拉圭首都蒙得维的亚总部举行首脑会议，决定建立南方共同市场议会，签署了南方共同市场结构转换基金规定等文件。

随着双边贸易的增长和贸易成本限制中小企业的发展，巴西和阿根廷于2005年在对外贸易中启用本币支付系统（SML）。2007年12月25日，南方共同市场在亚松森举行会谈，同意南方共同市场成员国之间的贸易使

---

① Fabio Giambiagi, *MERCOSUR: Why Does Monetary Make Sense in the Long Term?*, *Monetary Union in South America: Lessons from EMU*, Massachusetts: Edward Elgar Publishing, Inc. 2003, p. 60.

② Fernando Ferrari-Filho, "Why Does it not Make Sense to Create a Monetary Union in MERCOSUR? A Keynesian Alternative Proposal," *Journal of Post Keynesian Economics*, Vol. 24, No. 2, 2001 –2002, pp. 241 –242.

用本国货币支付，最初只在巴西和阿根廷之间试行。2008 年 9 月，全球金融危机爆发，南方共同市场国家面临资金外逃的窘境，区域内贸易萎缩。这些因素促使巴西和阿根廷签署了本币支付系统协议。2008 年 10 月，为降低双方贸易中的金融和管理成本，阿根廷和巴西启动双边贸易本币结算体系。2008 年 10 月至 2009 年 6 月 30 日，巴西和阿根廷之间通过该系统完成 373 笔交易，交易价值总计 6280 万美元。其中，95% 的交易是巴西对阿根廷的出口，两国约有 212 个公司参与其中。[①] 尽管受到全球金融危机的冲击，但巴西和阿根廷的本币支付系统发展迅速，交易门类主要包括能源、金融、汽车以及零配件、纺织品、化妆品、食品等。尽管同传统支付体系相比，本币支付系统能够降低贸易成本，但是由于需要参与国金融部门的支持，再加上成员国外汇储备规模较小以及汇率风险等因素，该系统的发展仍然面临不小困难。

2009 年 2 月，南方共同市场批准了在成员国之间使用本币结算双边贸易的协定。2009 年 4 月，在巴拉圭召开的"南方共同市场本币交易研讨会"讨论了如何在双边贸易中采用本国货币结算以应对金融危机的相关问题。贸易本币结算体系的实行将削弱美元在地区贸易中的地位，有助于扭转"美元化"趋势，同时也将减少各成员国的贸易结算成本，从而有力地推动南美地区的金融一体化进程。

自南方共同市场成立之日起，建立货币联盟、使用统一的货币就成为南方共同市场重点关注的议题。但是，各国的政策制定者从未认真探讨过该问题。究其原因主要集中在货币政策方面。阿根廷和巴西在南方共同市场成立初期都面临严重的通货膨胀问题，这限制了两国在货币一体化方面的政策协调能力，因为各国均需要首先解决国内通货膨胀问题。阿根廷实行了"货币局制度"，虽然放弃了货币政策独立性，但通过强化可信度抑制了恶性通货膨胀顽疾。巴西则在采取了一系列稳定计划之后，通过 1994 年的雷亚尔计划成功引入汇率锚定，稳定了通货膨胀率。两国均通过高估本币比值实现了经济稳定，并且在一定程度上促进了两国之间的经

---

① "Mercosur Report," *Inter-American Development Bank*, No. 14, 2010, p. 42.

济一体化，并最终促成了《欧鲁普雷图议定书》的如期签署。[1] 1999 年，南方共同市场确定了通过协调成员国的宏观经济政策建立本地区货币联盟的战略目标。2000 年，南方共同市场决定制定统一宏观经济政策，并提议建立欧盟式的货币同盟和解决贸易争端机制。

2019 年，在接近 20 年之后南方共同市场再次提出货币一体化。2019 年 6 月，巴西总统雅伊尔·博索纳罗（Jair Bolsonaro）访问阿根廷期间，提出统一两国货币，并进一步扩展到整个南方共同市场。[2] 7 月，阿根廷与巴西两国财长表示，南方共同市场国家间统一货币已经迈出第一步。阿根廷、巴西、巴拉圭、乌拉圭四国将成立特别小组，评估未来四国统一货币的可能性。报道称，这将会是一个较为漫长的过程，但是目前已经开始了第一步的研究。

三　南方银行与"去美元化"

从 20 世纪 90 年代开始，拉丁美洲国家曾一度出现"美元化"风潮，支持者认为实行"美元化"后能使拉丁美洲国家规避货币贬值的风险，改善政府的财政状况，并为长期融资提供保障。巴拿马、厄瓜多尔和萨尔瓦多相继实行"美元化"，阿根廷则通过"货币局制度"将本国货币汇率同美元挂钩，并允许美元成为合法支付工具，使经济处于"准美元化"状态。但随着形势变化，"美元化"也带来一系列问题和后遗症。"强势美元"导致厄瓜多尔作为世界第一香蕉出口大国的优势不断减弱，只有美元进入贬值周期后这一趋势才得到扭转；在阿根廷的货币实现与美元挂钩的"准美元化"后，由于其与美国经济发展的不协调，造成了本币币值长期高估，而高估的汇率给阿根廷的出口部门带来非常严重的影响，阿根廷的外贸和经

---

[1]　Jeffrey W. Cason, *The Political Economy of Integration*: *The Experience of Mercosur*, New York: Routledge, 2011, p. 115.

[2]　"Mercosur Common Currency: Viable or 'Bombastic' Proposal by Brazilian President-Pundit," Khmer Times https://www.khmertimeskh.com/50620621/mercosur － common － currency － viable － or － bombastic － proposal － by － brazilian － president － pundit/，访问日期：2019 年 7 月 28 日。

济状况也迅速恶化，出现了阿根廷债务危机。由于阿根廷经济的影响，"美元化"模式在拉丁美洲并未有响应，反而"去美元化"的影响越来越大。

受"美元化"影响，南方共同市场成员国积极探索应对之策。在实践中，巴西和阿根廷签署协定，约定两国贸易的结算可以不需要用美元作为中介，直接以本币进行结算。更进一步，他们约定将逐步在南方共同市场中使用本币进行结算，而这也使得南方共同市场中货币领域的进展比其他拉丁美洲经济一体化组织更加深入。2006 年，时任委内瑞拉总统乌戈·查韦斯（Hugo Chávey）和阿根廷总统内斯托尔·卡洛斯·基什内尔（Néstor Carlos Kirchner）曾提出倡议，将南美洲各国的部分外汇储备集合起来组建南方银行。这一构想得到了南美洲国家积极的响应，厄瓜多尔、玻利维亚、乌拉圭、巴拉圭和巴西相继表示赞成。[①] 2007 年 12 月 9 日，由阿根廷、巴西、巴拉圭、乌拉圭、玻利维亚、厄瓜多尔和委内瑞拉 7 国参加的南方银行（Bank of the South）宣告成立。由于南方银行将创建一个货币稳定基金，并确定结算单位货币，这不仅是南美国家谋求金融独立的进一步尝试，也有助于整个南美地区实现经济和货币的一体化，摆脱"美元化"束缚。南方银行的创始国包括了南方共同市场的所有成员国和部分联系国，因此，南方银行的成立可以视为南方共同市场在货币金融一体化方面的有益尝试。南方银行总部设在委内瑞拉首都加拉加斯，并在阿根廷和玻利维亚的首都分别设立分部。主席国由成员国轮流担任，每届任期 2~3 年。南方银行的启动资本为 70 亿美元，最高决策机构为 7 国财长组成的管理委员会。2008 年 6 月 30 日，在阿根廷图库曼举行的南方共同市场第 35 次首脑会议上，南方共同市场成员国宣布区域内贸易将弃用美元。

南方银行成立后，各成员国在几个关键的技术性问题上仍未达成一致。首先，成员国的具体出资额成为难题。其次，各成员国投票权分配也出现分歧。委内瑞拉等国希望在南方银行中颠覆这一模式，实现一国一票的平等原则，但这一提议遭到了巴西的反对。此外，南方银行的具体作用

---

① 宋洁云、冯俊扬：《阿根廷等南美六国签署文件成立南方银行》，齐鲁网，http://news.iqilu.com/guoji/20071211/7055.shtml，访问日期：2018 年 4 月 12 日。

和性质也尚未明确。如果要求南方银行同时兼具政策性银行和金融管理机构两大作用，相互之间关系的协调还有一定难度。除了这些技术性因素外，南方银行的发展还将受到南美国家总体一体化进程的制约。

四　货币金融一体化效果

与欧盟相比，南方共同市场的一体化程度更为松散，因此要想实现货币一体化更加困难。再加上成员国之间经济水平差异较大，宏观经济政策各异等现实，货币一体化前景更加不乐观。建立货币联盟需要各国放弃独立的货币政策和汇率政策，这对于两个地区大国——巴西和阿根廷来说非常困难。由于其自身财政政策执行不稳定，丧失独立货币政策意味着宏观经济的失控。巴西和阿根廷近年来的事实也证明，自身经济金融不稳定使统一货币的愿望变得不可能。此外，由于南方共同市场并不存在超主权的制度规定，统一货币的政治支持和保证缺失。

南方共同市场货币金融一体化实践还表明，成员国之间政策协调对于一体化的重要性。南方共同市场成立时，该组织最大的两个成员国——巴西和阿根廷国内的通货膨胀形势均十分严峻。为此，两国采取了不同的应对方案。阿根廷放弃了货币政策，使用"货币局"硬钉住美元；巴西利用"雷亚尔计划"，引入"汇率锚定"，但汇率保持了一定的灵活性。尽管两个国家均钉住美元，但是在汇率制度的灵活性方面存在差别，这就使两国调整货币政策成为可能。例如，为保持汇率在一定程度是的灵活性，巴西于1999年将雷亚尔一次性贬值，这造成阿根廷对巴西出口下降，触发两国之间的贸易冲突。两国在货币和金融政策方面的协调并不完善，这也从一个侧面反映出南方共同市场在金融一体化方面的落后。鉴于此，包括经济政策磋商以及统一货币在内的多种选择被提出。但是，对于南方共同市场来说，无论是货币政策协调还是统一货币都非常困难。

第二节　投资一体化

为提升竞争力、加强社会凝聚力以及降低成员国之间发展的不平衡，

2004 年，南方共同市场理事会第 45/04 号决议批准成立 "南方共同市场结构协调基金（FOCEM）"。该基金旨在推动各个成员国结构的统一，支持经济规模较小的成员国进行经济结构的调整，以缩小与其他成员国之间的地区差距，增强成员国产品的竞争力，通过卫生、扶贫、就业等计划增强社会凝聚力，推动南方共同市场机构建设和一体化进程。

2005 年 5 月，南方共同市场落实了结构协调基金的数额和运作方式。该基金的筹资计划是 2006 年、2007 年和 2008 年分别为 5000 万美元、7500 万美元和 1 亿美元，以后每年的筹资额为 1 亿美元。资金分担份额分别为：巴西 70%，阿根廷 27%，乌拉圭 2%，巴拉圭 1%。4 国在基金中的受益比重是：巴拉圭 36%，乌拉圭 24%，巴西和阿根廷合占 40%。[①] 在资金的使用方面，4/5 的资金将分配给乌拉圭和巴拉圭两个小国。2007 年 1 月，FOCEM 开始正式运营，第一年的基金总额为 1.7 亿美元。在第一年获基金资助批准的 23 个项目中，巴拉圭和乌拉圭分别占 13 项和 6 项。2008 年 12 月 16 日，时任巴西总统路易斯·伊纳西奥·卢拉·达席尔瓦（Luiz Inácio Lula de Silva）在南方共同市场首脑会议上决定将巴西在统一基金中的数额从原来的 7000 万美元提升至 1.4 亿美元。[②] 2010 年，南方共同市场通过了《南方共同市场结构协调基金条例》，规定了申请基金支持的项目的提交、分析、通过和追踪程序。委内瑞拉 2012 年正式加入南方共同市场之后，结构协调基金的总额已经增加到 12.7 亿美元。[③] 2015 年 7 月，南方共同市场第 48 次首脑会议期间，各成员国决定将结构协调基金延期 10 年。截至 2015 年底，结构协调基金一共资助了 46 个项目，其中 39 个仍在实施中，6 个已经完成。卫生、饮用水、道路改造和建设、电力网以及学校建设等项目最受成员国重视。

---

① Gustavo Rojas de Cerqueira César, *FOCEM: la Evaluación de su Desempeño y Posibilidades de Reforma（Parte 1）*, Oct., 2015, http://www.oered.org/content/focem – evaluaci% C3% B3n – de – su – desempe% C3% B1o – y – posibilidades – de – reforma – parte – 1，访问日期：2019 年 6 月 3 日。

② 周志伟：《巴西崛起与世界格局》，社会科学文献出版社，2012，第 130 页。

③ 资料来源：http://www.mercosur.int/t_ generic.jsp? contentid = 385，访问日期：2019 年 6 月 3 日。

巴西前总统卢拉执政时期，提议建立两个以巴西为主的南方共同市场新基金，一个是南方共同市场中小企业基金，用于鼓励成员国中小企业实现地区生产一体化。该基金主要由 4 个成员国的国有和私有银行集资而成，初始资金约为 1 亿美元，成员国的资金分担比例与南方共同市场统一基金一致，但成员国各占基金 25% 的使用权。另一个是南方共同市场家庭农业基金，该基金旨在为成员国政府间合作计划提供融资渠道，基金总额包括 6 万美元的固定资金（由 4 个成员国均担）和 30 万美元的分集资金（成员国分担比例与 FOCEM 一致）。[①]

第三节　财政一体化与经济政策协调

在 2000 年第一次会议上，南方共同市场经济部长和财政部长以及中央银行行长重申了缔约国对财政偿付能力和货币稳定的承诺。他们一致认为，这两个方面对于实现更为公平的经济持续发展和社会发展以及本国适应不断变化的国际形势都至关重要。为此，会议商定为各国的财政执行结果、公共债务和价格变动提供共同目标。为了将这项工作付诸行动，各个成员国在共同协调方法的基础上首先需要建立财政和公共债务统计。因此，南方共同市场成立了宏观经济监测小组（Macroeconomic Monitoring Group，GMM），由各个成员国的经济和财政部以及中央银行的专家组成，自 2000 年 4 月以来，该小组负责制定和贯彻统一财政统计的共同方法。作为在布宜诺斯艾利斯举行的经济部长和中央银行行长会议（CMC Decision 30/2000）的一部分，共同市场理事会于 2000 年 6 月 29 日正式批准建立宏观经济监测小组。专家组完成的任务成功地发现了各国官方统计数据在编制和所涵盖的范围方面存在的方法上的差异。宏观经济监测小组成立仅五个月就达成一致，同意采用一种共同的方法编制《财政统计手册》。后来，宏观经济监测小组还在协调国际收支、货币总量和债务可持

---

① Mylena Fiori, "Lula Anuncia Criação de Mais dois Fundos no Mercosul," *Agência Brasil*, 16 de dezembro, 2008.

续性指标方面取得了进展。此后,《财政统计手册》保持了实时更新。近年来,南方共同市场宏观经济监测小组除发布《财政统计手册》外,还有《货币、信贷和利率手册》《南方共同市场货币、信贷和利率手册》《南方共同市场国际收支和国际投资状况手册》。

另外,宏观经济监测小组是一个就不同宏观经济问题进行对话的场所,这些问题被认为与政策协调和经济一体化的深化有关。宏观经济监测小组每六个月举行两次小组常会,有时还举办关于具体专题的讲习班。每年的第二次常会还有一个额外的目的,即为每半年结束时举行的经济部长和财政部长会议和中央银行行长会议做准备。

第四章

其他领域的一体化

第一节　社会领域

南方共同市场更多时候表现出的是政府层面上的一体化，公民社会参与程度低。2006 年起，社会和生产领域的合作被加强。2006 年 7 月的《布宜诺斯艾利斯宣言》强调了经济发展和公平分配基础上的社会一体化，公民权利、共同身份、文化和经济权利成为一体化的目标。

一　公民权利

在经济领域取得一定成果之后，南方共同市场自 21 世纪以来加大了对社会领域合作的投入。2010 年，南方共同市场第 40 次首脑会议聚焦社会议题，通过了《社会行动战略计划》，共同普及基础教育，减少贫困，保证公民平等地享有社会、文化、工作和受教育等权利，使区内民众从一体化进程中获得更多好处。南方共同市场各成员国还签署了《南方共同市场公民宪章》，计划在 2020 年前实现区域内公民自由流动及异地定居、统一养老金、教育和消费者权益保护制度、统一南方共同市场汽车牌照和消费者权益保护体系等。在人员往来方面，南方共同市场与玻利维亚和智利在 2002 年 12 月的第 23 次南方共同市场首脑会议上签署了《南方共同市场成员国、玻利维亚和智利公民长期居留协议》。根据协议的内容，这 6 个国家的公民，只要无犯罪记录，都可以自由居住在任何一国，并且享有工作的权利。南方共同市场的成员国的公民可凭有效身份证进入其他成员国，无须使用护照。2008 年 6 月召开的第 35 次南方共同市场首脑会议决定将这一便利扩大到联系国，以实现整个南美地区人员自由流动。

巴西前总统卢拉曾表示，"社会公正发展观"应成为南方共同市场的品牌，这充分说明可持续发展受到各成员国的广泛重视。此外，南方共同市场还致力于深化区内教育交流，构建地区卫生观察站，优先发展前沿技术和科技创新合作，推动区内社会和科技领域一体化进程。近年来，南方共同市场结构协调基金批准的新项目多用于弥补成员国间社会发展差距，以敦促各成员国为履行《南方共同市场公民宪章》创造条件，争取在 2020 年前全面落实章程。2016 年 9 月，时任巴西总统米歇尔·特梅尔 (Michel Temer) 在联合国大会的发言中不指名地提及委内瑞拉问题，宣称不同政治取向的国家共处自然而健康，但必须相互尊重并趋向共同目标，其中一个重要的方面就是所有公民自由的权利。

二 高等教育

1991 年，南方共同市场国家教育部长会议上，各国决定建立南方共同市场教育部门（Educative Sector MERCOSUR），强化各国之间高等教育的合作。阿根廷、巴西、玻利维亚、智利、巴拉圭、乌拉圭和委内瑞拉均加入了该计划，希望通过公共政策协调，最大限度地利用和实施联合项目和计划，保证共同知识基础上的教育公平和教育质量的提高。

自 1992 年南方共同市场教育一体化取得初步进展以来，各国在高等教育合作方面取得了一定的成绩。2001 年，南方共同市场建立了南方共同市场教育组织机制并于 2005 年建立了教育基金（Educational Fund of MERCOSUR）。2006 年，南方共同市场确立了国家之间的学历互认 （ARCU SUR），学生在一国完成本科学习之后可申请去其他国家攻读硕士或博士学位，极大地促进了高校毕业生在成员国之间的流动，并且开始探索高校学生和教授在国家之间的流动。这些都标志着南方共同市场在高等教育一体化方面的成就。

2006 ～ 2010 年，南方共同市场推出了"高等教育学习和研究项目 （NEIES）"，目的是通过强化研究和知识普及加强在高等教育方面的区域化并且鼓励内部机构之间的合作，高等院校是该计划的核心和践行者。2011 年，南方共同市场建立了地区委员会，具体协调国家之间的教学和研究交流。南方共同市场成员国大学在设立南方共同市场经贸一体化课程方面较为积极，但以地区一体化为专业的课程设置总数仍偏少。在学术领域，南方共同市场的出版物和学术讨论会定期举行，阿根廷和巴西学者在南方共同市场一体化研究方面投入较大。

三　共同身份

1991 年南方共同市场成立后，专门成立了为南方共同市场机构服务的南方共同市场省/州/市/府咨询论坛。1995 年，与南方共同市场相关的城市网络逐步出现，并建成了名为"南方共同市场城市"的机构，该机构可以在一体化进程中代表普通公民的利益，将公民诉求直接转达南方共同市场相关权力部门。[1] 与此同时，"南方共同市场经社理事会""我们是南方共同市场""南方共同市场社会峰会"相继出现，其主旨在于促进民众参与一体化进程，保证一体化成果惠及于民。2008 年 6 月，南方共同市场成员国以及玻利维亚、智利之间签署了有关居民身份的协议，协议简化了签约国公民在签约国内的居住申请程序，打消移民申请者的顾虑。申请者可以获得有效期为 2 年的临时居住申请，确保平等的公民权和劳动权，以及获得公共教育权。此外，居住身份到期后还可申请延长。

2012 年，南方共同市场决定创建南方共同市场联合商务处网络并在非洲设立首个联合商务处，制定共同文化遗产目录，尽快实现南方共同市场统一汽车牌照，以强化南方共同市场身份认同。各方还就成员国间劳动力自由流动及其权利保障达成一致，并承诺尽早建立南方共同市场社会组织登记制度，为 2020 年前实现成员国公民自由流动创造条件。教育领域方面，基于教育是区域一体化进程的一个基本因素这一前提，如果小学教育和小学教育课程不存在技术层面差异，会员国将承认所有成员国处于同

---

[1]　Daniel Amicci, "Mercosur y la Identidad Regional," *Iberoamérica*, No. 4, 2012, p. 118.

一水平。同样，为了促进继续教育，由一个会员国认可的机构颁发的课程证书在所有其他会员国都有效。

四 社会关注

1995 年起，南方共同市场陆续设立了有关下属机构，旨在推动政府、企业和工会之间的对话。1997 年，《南方共同市场社会保障多边协定》成功签署，各国开始寻求社会保障方面的合作。1998 年 12 月，南方共同市场 4 个成员国签署了《南方共同市场社会劳工声明》，在对劳动者权利的保护、促进高质量就业、提高劳动者福利水平、推动社会对话等问题上达成了一致。声明不仅明确了劳动者的个人权利，还规定了结社自由、工会自由、集体谈判、依法罢工等集体权利。各个成员国在声明中对劳工保护、推动就业、人力资源的培训等问题做出了承诺。但是，在 20 世纪 90 年代，社会议题并不是南方共同市场关注的重点。

2004 年 12 月，南方共同市场成立了高级就业小组，负责起草有关促进就业方面的战略计划。2006 年，第 30 次首脑会议上，就业问题正式纳入南方共同市场的发展战略体系，并通过了《南方共同市场增加就业战略》。该战略的主要内容是：建立由南方共同市场社会劳工委员会，经济与社会协商论坛，以及各国经济、生产、发展和规划部共同组成的高级机构，推动就业，提高就业质量，保障失业人员的再就业。

在难民保护方面，2012 年 11 月 23 日，南方共同市场成员国和观察员国在巴西福塔莱萨通过了《南方共同市场对国际难民保护的宣言》。宣言重申了各成员国希望加强国家、区域和全球努力，保护、促进和尊重人权，遵循团结、多样、公正、繁荣、安全、和谐共处及和平的原则，为全世界人民服务。各国应实施积极的政策，促进和保证对难民及其家庭权利的尊重和保护，同时还认识到需要制定标准，以应对国际难民保护方面的挑战。该宣言还指明，南方共同市场各成员国能为难民提供保护空间，难民不会被遣返、驱逐出境。难民至少享有与拥有永久居留权的外国人相同的权利，以及在保护难民的国际协定中所享有的权利。

结构协调基金先后资助了巴拉圭贫民住房改善、巴拉圭 – 乌拉圭 – 阿根廷电力一体化、巴西与阿根廷和巴拉圭边境地区图书馆等项目。此外，该基金还支持了 4 个成员国以及玻利维亚多元化抗击口蹄疫（foot-and-mouth disease）的综合项目。值得一提的是，巴西在资金供给方面承担了 70%。[1] 2007 年 1 月，在第 31 次南方共同市场首脑会议上，各国一致认为应提高社会凝聚力，解决贫困问题，提高居民生活水平。理事会还决定成立南方共同市场社会研究所[2]，重视南方共同市场发展过程中的社会因素，协助制定地区社会政策以及整理和更新地区社会指标。

第二节　基础设施建设与生产体系统一

《经济互补和地理一体化计划》和《陆上运输议定书》是南方共同市场早期基础设施一体化建设的文件，目的在于加强成员国陆路和内河航运的联网，简化各自的过境手续。南方共同市场还在生产体系建设和宏观经济政策协调方面进行了有效尝试。

一　基础设施建设

交通基础设施方面，各个成员国利用地理环境便利和共同水域基础，加强一体化建设。1990 年 3 月，南方共同市场 4 个初始成员国和玻利维亚达成协议，规划和开发拉普拉塔河水路运输。7 月，上述 5 国和智利一同决定加强南锥地区的交通一体化建设，计划修建从巴西到智利的铁路干线，开拓连接太平洋和大西洋的陆上交通。此外，还计划修建从巴西、乌拉圭和巴拉圭直至阿根廷的沿大西洋的通道，最终建立起连接南美洲大陆南段各国的完整交通网，从而为该地区的出口创造便利。1996 年南方共同市场第 11 次首脑会议通过了建立 "小地区间航空服务" 的议定书，规定南方共同市场 4 个成员国和两个联系国（智利和玻利维亚）将在各自

---

①　Celso Amorim，"A Política Externa Brasileira no Governo do Presidente Lula（2003 - 2010）：uma Visão Geral，" *Revista Brasileira de Política Internacional*，Int. 53（special edition），2010，pp. 214 - 240.

②　2008 年正式运行。

内地城市建立 29 个小型飞机场，开辟 60 条新航线，直接沟通 6 国偏远地区的经济联系，进一步加强一体化建设。2016 年 6 月 2 日，时任巴西外长若泽·塞拉（José Serra）在参加经合组织会议期间，会见了阿根廷外长苏珊娜·马尔科拉（Susana Malcorra），双方就共同建设南美边境水路达成共识。此项工程涉及巴西、阿根廷、玻利维亚、巴拉圭、乌拉圭五国。塞拉表示，为了落实该项目，需要成立一个跨国机构。

电力和通信设施方面，进入 20 世纪 90 年代，南方共同市场的成员国越发感觉到需要通过电力和通信设施的建设适应未来信息高速公路的需要，进一步增强内部经济联系。当时的计划是铺设 1700 公里的地区光纤电缆传输网络，连接初始 4 个成员国，并延伸至智利的圣地亚哥，从而使南美洲地区连成一片，同时还将同巴西当时正在铺设的从东北部的福塔莱萨市纵贯沿海地区连接佛卢里亚诺普利斯市的大型光纤电缆网络连接，全长 7500 多公里。[①]

二　统一生产体系与经济政策协调

2007 年 6 月，南方共同市场第 33 次首脑会议在巴拉圭首都亚松森举行。地区发展不平衡问题成为此次会议的重点。会议通过了成立高级工作组的决定，要求从即日起到当年年底制定短期、中期和长期计划，有针对性地解决多年来困扰南方共同市场发展的地区不平衡问题。决定还要求短期计划必须在 2008 年 6 月之前开始实施。中长期计划则应在 2010 年 1 月开始实施。为了使小国能够真正成为这项决定的受益者，该决定要求计划的制定遵循以下指导思想：着眼于无出海口国家的发展、小国竞争力的增强、南方共同市场内外最大限度的市场准入和社会的发展。为了消除巴拉圭和乌拉圭等国对南方共同市场内部发展不均和机会不均的批评，会议同时决定，创立支持和推动中小企业的基金。此外，会议还通过了一系列有利于巴拉圭和乌拉圭的产品进入巴西和阿根廷的决议。与此同时，共同关税的有效期从 2012 年延长至 2020 年。

---

① 方幼封、曹珺：《漫漫探索路：拉丁美洲一体化的尝试》，学林出版社，2000，第 34 页。

2008 年，南方共同市场理事会通过了"南方共同市场生产一体化计划"，核心目标是加强成员国企业的生产竞争力，特别是中小企业和小经济体企业生产链的一体化。共同市场小组为推动这一计划的实施，专门成立了"生产一体化小组"。理事会还准备成立"南方共同市场中小企业担保基金"，用以直接地或间接地为中小企业融资提供担保。基金规模为 1 亿美元，各成员国的筹资额和筹资方式与"结构协调基金"相同。

但是，各成员国之间缺乏财政政策和货币政策的协调而导致南方共同市场在面临外部冲击时束手无策，成为多年来该地区组织饱受诟病的特征之一。例如，只要一国汇率发生大幅波动，立刻会通过贸易和金融等渠道在成员国之间传递，使其他成员国的资产负债表发生恶化，进一步侵蚀其进口能力，对各经济体造成二次冲击。更为不利的是，南方共同市场共同对外关税落实之后，贸易领域出现问题的成员国无法通过关税进行调节，经济脆弱性被放大。[①]

第三节　政治合作

20 世纪 80 年代中后期，在结束军政府统治、还政于民之后，巴西、阿根廷等国希望加强区域合作巩固民主体制。南方共同市场的各个成员国致力于加强政治领域的合作，力图将南方共同市场发展成为一个"共同的政治空间"。南方共同市场把保持民主体制和政治稳定作为实现经济社会发展、促进地区一体化的根本条件。

一　民主体制

南方共同市场各成员国分别于 1988 年和 1996 年签署《乌斯怀亚民主承诺议定书》和《民主承诺总统声明》，以确立和巩固代议制民主制度在

[①] Schönerwald, Carlos, Júlia Brigoni Maciel, and Luiz Marcelo Michelon Zardo, "Mercosur's Trade Performance and the Brazilian Economy," *International Integration of the Brazilian Economy*, New York：Palgrave Macmillan, 2019, pp. 325 – 342.

各国政治中的基础地位。两份文件均在显著位置强调"民主体制是各成员国在《亚松森条约》及其附属议定书框架下开展合作的前提条件"①，认为任何干扰民主体制的行为都将对一体化进程造成不可宽恕的障碍，如在各成员协商未果的条件下，可暂停民主体制受到破坏的成员国资格。2007年，考虑到民主制度在南方共同市场一体化进程中的重要作用，根据理事会第05/07号决议，"南方共同市场民主观测站"（Observatorio para la Democracia）成立。其主要任务是推动实现《关于民主承诺的乌斯怀亚条约》的目标，跟踪各个成员国的选举进程，与各个成员国的选举监督机构进行协调，对地区民主制度的巩固进行研究并组织相关的活动。

1992年，南方共同市场第4届首脑会议上，《南方共同市场条约》中已增加了"实行民主体制"条款。1996年，南方共同市场4个成员国签署了《南方共同市场成员国政治磋商和协调的总统声明》，并与智利和玻利维亚签署了《关于民主承诺的总统声明》，强调民主制度是南方共同市场存在和发展的必要条件。1998年举行的南方共同市场第14次首脑会议宣布，南方共同市场及其联系国为"无大规模杀伤性武器的和平区"，强调民主体制是一体化进程的根本保障。1999年6月，第16届首脑会议，南方共同市场对"实行民主体制"条款做出进一步解释，重申南方共同市场不允许独裁政府存在，持续实施民主体制是南方共同市场一体化进程得以发展的基本条件，并对经历了3月政治危机后成立的巴拉圭新政府表示了支持。2000年第17届首脑会议再次重申，实施民主体制是推进南方共同市场一体化发展进程的政治保障和动力。

民主化和民主体制成为当前南方共同市场国家参与一体化的基本条件，甚至连南方共同市场的联系成员国亦认为加强民主体制是南方共同市场生存的根本。2005年1月，时任智利总统里卡多·拉戈斯·埃斯科瓦尔（Ricardo Lagos Escobar）在访问乌拉圭期间指出，南方共同市场应加

---

① 参见 Protocolo de Ushuaia Sobre el Compromiso Democrático en el MERCOSUR 和 Declaración Presidencial Sobre Compromiso Democrático，南方共同市场官方网站，https://www. mercosur.int/，访问日期：2018年12月4日。

强政治一体化，而不是仅扮演类似"海关共同体"的经济角色。2012 年 6 月 22 日，时任巴拉圭总统费尔南多·卢戈（Fernando Lugo）遭到议会弹劾被迫下野，副总统弗朗哥继任。6 月 24 日，南方共同市场轮值主席国阿根廷政府宣布，由于巴拉圭总统卢戈被议会采取非正常手段罢黜，南方共同市场决定暂停巴拉圭的成员国资格。南方共同市场发表关于巴拉圭民主秩序遭到破坏的声明，将限制新任总统参加 6 月底在阿根廷举行的第 43 届南方共同市场首脑会议。6 月 29 日，南方共同市场中止了巴拉圭的南方共同市场成员国资格，其在一体化过程中的投票权和否决权同时中止。2013 年 4 月，巴拉圭总统选举后，其成员国资格得到恢复。委内瑞拉加入南方共同市场的艰难历程也是因为巴西和巴拉圭右翼议员对其民主性存在质疑。目前，南方共同市场各成员国均认为，巩固和捍卫民主既是南方共同市场发展的先决条件，也是南方共同市场一体化发展的重要成果。南方共同市场不仅是经济倡议，更是一个政治进程。

二 政治一体化与对外关系

南方共同市场第 17 次首脑会议强调实施民主体制是推进南方共同市场一体化发展进程的政治保障和动力。同时，此次会议还就加强成员国在国际事务中的合作达成了一致，决定建立成员国外交部间人权问题的磋商制度。2001 年，南方共同市场决定加强内部协调与合作，以集团形式与美国和欧盟开展自由贸易对话，重新启动与安第斯共同体建立自由贸易区的谈判。2005 年 1 月，时任智利总统拉戈斯在访问乌拉圭期间，与时任乌拉圭总统塔瓦雷·巴斯克斯（Tabaré Vázquez）一致认为，进一步加强南方共同市场的政治作用，有利于南方共同市场成员国协调立场，共同参与国际谈判。

南方共同市场的政治意义更多地体现在它以一种集体的力量在国际事务中所扮演的角色和地位，这一点在巴西的对外政策中反映得尤为明显。卢拉当选巴西总统后，首次出访的国家是阿根廷，这体现了阿根廷或者南方共同市场在巴西对外政策中的战略地位。卢拉多次强调，阿根廷是巴西具有战略意义的伙伴国家，巴西要与阿根廷一道重振南方共同市场，以南方共同市场作为一个整体，在同美国和欧盟进行谈判时"并肩作战"。对巴西来说，南方共同市场更像一个政治平台，巴西希望凭借南方共同市场加强拉丁美洲、特别是南美洲地区内的合作，使拉丁美洲成为一个利益整体，进而加强其在国际事务中的地位，特别是在建立美洲自由贸易区问题上，巴西希望能利用其在南方共同市场的领袖国地位在与美国对话中寻求更大的回旋余地。巴西前外长塞尔索·阿莫林（Celso Amorim）对此表示，南方共同市场最大成果之一是在与第三方谈判时用一个声音说话，这是维护整体利益和各自利益的需要。① 阿根廷对南方共同市场发展持有一种谨慎的态度，认为南方共同市场的发展应该通过循序渐进的方式稳步发展，而巴西提议的组建议会及发行共同货币更应是在"共同市场具备雏形之后再考虑的问题"。但同巴西一样，阿根廷也认识到南方共同市场在本国外交政策中的重要地位，在经历经济危机的沉重打击后，阿根廷也意识到密切与巴西等南方共同市场国家的盟友关系能为本国在国际谈判等事务上添加不少的砝码。对于乌拉圭和巴拉圭来说，由于国力较弱，南方共同市场成为它们参与国际事务的最好平台。

---

① 张川杜：《南方共同市场首脑会议推进一体化进程》，《人民日报》2004 年 12 月 20 日，第 3 版。

第五章

困境中的南方共同市场及其变革

在南方共同市场对外政策中，伙伴关系的多元化和自主化根植于公民社会与国家之中。南方共同市场建成之后，正是这两者的相互作用，阻碍了南方共同市场的深化。要将权力极不对称、相互依存性差且宏观经济一贯不稳定的发展中国家聚合在一起，本身就是一种挑战。因此，南方共同市场成立不久便陷入困境，但其也在积极寻求突破。

第一节　拉丁美洲一体化困局中的南方共同市场

1994 年，墨西哥爆发金融危机，席卷了整个拉丁美洲地区。此后，肇始于泰国的亚洲金融危机、俄罗斯金融危机均对同为发展中地区的拉丁美洲国家造成一定冲击。世纪之交，经济危机冲击了南方共同市场成员国，尤其是巴西和阿根廷。巴西在 1999 年发生金融动荡，雷亚尔大幅贬值；阿根廷则在 2001 年爆发严重的经济危机，南方共同市场随之陷入危机。各成员国忙于应对金融危机，因此在这一时期的合作基本停滞。

一　巴西和阿根廷危机及其影响

墨西哥危机、亚洲金融危机、俄罗斯金融危机等相继爆发于新兴经济体的金融危机在世纪之交抵达巴西和阿根廷，两国先后经历了外资流出、本币贬值和恶性通货膨胀等问题。1999 年，巴西金融率先动荡，雷亚尔贬值冲击了巴西经济和金融的稳定。由于实行"货币局制度"①，阿根廷比索无法贬值，因此造成两个南方共同市场主要国家之间的对抗，进入全面的危机模式。到了2001年，阿根廷金融危机爆发，南方共同市场两大成员国从合作转向对抗，这成为20世纪末21世纪初南方共同市场国家之间关系最主要的表现形式，一体化随之陷入困境。经济危机造成贸易保护主义的升温和一体化的停滞甚至倒退。1998年是南方共同市场发展的分水岭，区域内贸易达到200亿美元之后开始下降，2002年只有105亿美元。1998年区域内贸易占南方共同市场贸易总额的25.3%，2002年只有11.4%。② 南方共同市场的共同对外关税和区域内自由贸易规则受到一定冲击。阿根廷单方面破坏规则，造成贸易冲突，引起争端。③

1999年1月，巴西在经历了数月的货币投机性攻击之后，被迫宣布汇率浮动，发生了金融动荡，雷亚尔大幅贬值。这一波冲击席卷了整个南方共同市场，巴西出口的商品变得更加便宜。20世纪90年代末期，巴西和阿根廷的货币都存在高估，并且巴西在大部分工业制成品领域具备更强的竞争力。因此，当本就更具竞争力的巴西货币贬值，而阿根廷比索币值继续被高估，阿根廷在与巴西的贸易受阻。1999年1月初，美元兑巴西雷亚尔的汇率是1:1.21，1月底变成了1:1.98，3月初变成了1:2.16，雷亚尔贬值幅度达到78.5%。④ 1999年底，美元兑雷亚尔的汇率定格在1:1.79。由于巴西货币贬值，巴西出口的商品对于其贸易伙伴来说便宜了40%，而贸易伙伴国对巴西的出口则变得更为昂贵。

面对巴西货币贬值造成的危机，阿根廷显得束手无策。由于采取"货币局制度"，阿根廷实际上丧失了货币政策独立性，因此无法通过同样的货币贬值在短期内刺激出口。巴西货币贬值对南方共同市场的影响主

---

① 为了稳定经济，1991年阿根廷实行了"货币局制度"，阿根廷比索兑美元的汇率为1:1，实行固定汇率。

② CEPAL, *Latin America and the Caribbean in the World Economy, 2005 – 2006*, CEPAL, 2006, p. 81.

③ CEPAL, *Latin America and the Caribbean in the World Economy, 2001 – 2002*, CEPAL, 2003, p. 156 – 161.

④ 资料来源：巴西中央银行，https://www.bcb.gov.br/，访问日期：2019年4月5日。

要体现在直接贸易方面。20 世纪 90 年代早期和中期迅速扩张的区域内贸易由于巴西货币贬值而快速下降。对于阿根廷来说，下降的程度尤为严重。20 世纪 90 年代中期起，阿根廷对巴西连续多年保持出超状态，但是巴西金融动荡后雷亚尔贬值的贸易冲击效应最终在 2004 年显现，当年阿根廷与巴西之间的贸易从出超变为入超（见表 5 – 1）。

表 5 – 1 1996 ~ 2005 年阿根廷与巴西贸易情况

单位：十亿美元*

年份	阿根廷对巴西出口	阿根廷从巴西进口
1996	6.81	5.17
1997	7.94	6.77
1998	8.02	6.75
1999	5.81	5.36
2000	6.84	6.23
2001	6.21	5.00
2002	4.74	2.34
2003	4.67	4.56
2004	5.57	7.37
2005	6.24	9.92

注：*按现价美元计算。

资料来源：Ministério de Desenvolvimento, Industria, e Comercio International, ALICEWeb。

经济冲击最终演变成两国之间的政治博弈。在巴西雷亚尔贬值数月之后，阿根廷的企业家要求政府针对巴西采取贸易保护主义措施。首先，在 1999 年 7 月下旬，阿根廷决定对其纺织品部门采取进口保护，对于从巴西进口的纺织品实施配额。巴西立即进行还击，宣称在南方共同市场合约框架下，阿根廷的做法不合理。① 来自巴西方面的强大压力使阿根廷最终放弃了对从巴西进口的纺织品实施配额的政策。两国之间的冲突不了了之，巴西货币贬值对阿根廷出口产生了极大的冲击，阿根廷方面没有其他任何选择，唯一的可能是同样使本币贬值。

---

① "Brasil Reage a Restrição da Argentina as Têxteis," *Folha de São Paulo*, July 24, 1999.

事实上，阿根廷曾绕过南方共同市场仲裁法院向拉丁美洲一体化协会提出对巴西的诉讼，希望拉丁美洲一体化协会采取相应措施保护其国内市场，并对巴西进口产品征税。阿根廷政府这一行为违背了《亚松森条约》精神，对南方共同市场的发展极为不利。巴西方面则认为，在与阿根廷的贸易中，巴西做了过多的妥协，阿根廷政府应重新反思调整其货币汇率政策。阿根廷和巴西各执一词，使南方共同市场在 1999 年一度陷入分裂危机。

在巴西金融动荡和阿根廷经济危机的连续影响下，南方共同市场内部的贸易规模和流向发生异动，区域层面宏观经济政策失调，内部的贸易纠纷呈上升态势，区内贸易额一度跌落到 2002 年的 105 亿美元。南方共同市场遭遇前所未有的危机，发展陷入"停滞"，并引发南方共同市场内部一系列的社会、政治和一体化机制危机。从经济和贸易角度来说，这一时期也是 20 世纪 90 年代南方共同市场成员国经济增长与区内贸易双向上升趋势的终结。这次危机波及面广，影响程度深，严重打击了基于新自由主义经济政策发展的南方共同市场，敦促成员国反思一体化进程，并重新设计南方共同市场发展路线。

在对外谈判方面，受内部经济危机影响，南方共同市场"共同对外"的立场亦受到干扰，其成员国曾一度放弃共同对外谈判的立场，寻求单独摆脱危机的解决办法。阿根廷曾多次表示要与美国缔结双边贸易协定。2002 年，为了摆脱对南方共同市场的过分依赖，乌拉圭决定抛开南方共同市场单独与美国举行自由贸易谈判，希望在美国找到更大的出口市场，以振兴本国经济。此外，巴拉圭企业部门也曾要求政府退出南方共同市场。

同一时期，"巴-阿轴心"亦出现松动，两国的政治互信程度与南方共同市场发展所需要的互信度存在相当大的差距，双方甚至难以在宏观经济政策调控等共同市场建设核心领域进行必要的协调，两国的裂痕导致南方共同市场在推进区域内贸易方面受到限制。鉴于巴西的综合实力与国际地位均高于其他成员国，如巴西不能完全承担建设、稳定和深化南方共同市场机制运作的相关责任，必将导致阿根廷的离心力增加，不利于巴阿建立长期合作、互利共存的伙伴关系。对于阿根廷和其他南方共同市场两个小国来说，出于对巴西的敬畏以及利益交换的考虑，坚持认为必须仿效欧盟模式建立南方共同市场，强迫巴西同各成员国一道让渡部分主权，以换取南方共同市场的共同进步。阿根廷、巴拉圭和乌拉圭担心在不涉及国家主权让渡的情况下，一味推进区内自由贸易，最终必然是区域内大国受益，小国在这一过程中被迫向大国让渡主权。虽然巴西经历了金融动荡，但是其早在第二次世界大战之后的岁月中基本完成了工业化，即使在军政府时期，工业化进程也未曾被打断。相反，阿根廷的工业基础则在1976～1983年的军事独裁中毁于一旦，重新回到了出口初级产品的老路上。① 因此，在与巴西争夺区域内领导权的竞争中，阿根廷与巴西经济实力相去甚远，阿根廷在世纪之交发生的金融危机更是使其遭遇严重冲击。

　　两个主要成员国在宏观经济政策上的分歧以及随后爆发的金融危机也殃及了乌拉圭和巴拉圭。由于阿根廷是乌拉圭的主要贸易伙伴，阿根廷在2001～2002爆发经济危机之后采取的一系列措施，尤其是阿根廷比索的贬值，使乌拉圭对阿根廷产品的出口受到限制。2002年初，巴拉圭对阿根廷的出口也减少了2/3。为减少阿根廷金融危机对其国内经济的冲击，乌拉圭于2002年6月20日放弃了有限浮动的汇率政策，采用彻底的自由浮动汇率制。在2001年经济危机爆发后，阿根廷中央银行于当年12月宣布冻结银行存款，阿根廷政府随后又于2002年4月19日宣布从4月22日开始全面、无限期地关闭阿根廷境内的所有银行和外汇市场，并强制性地把美元定期存款转为美元债券，把比索固定利率存款转为5年期比索债券。2002年7月30日，乌拉圭政府宣布全国所有银行暂停营业一天，这是该国70年来首次采取这一措施。7月31日，为了防止出现银行挤兑，避免中央银行外汇储备继续萎缩，乌拉圭不得不又将"银行假期"延长至一周，所有自动提款机也中断服务。

二　南方共同市场自身变革

　　陷入危机之后，南方共同市场及其成员国积极寻找应对措施，尽快改

---

① Carlos Ricardo Caichiolo, "The Mercosur Experience and Theories of Regional Integration," *Contexto Internacional*, Vol. 39, No. 1, Jan/Apr 2017, pp. 117–135.

变一体化倒退的趋势。2003 年之后，南方共同市场的内部机制逐渐完善，相继建立了仲裁法庭、议会等级制，在成员国宏观经济政策协调、避免双重征税以及强化基础设施建设等方面出现新的合作意向。南方共同市场也实现了首次扩容，委内瑞拉成为第五个正式成员国。

（一）委内瑞拉的加入与被逐

1999 年，委内瑞拉查韦斯总统上台之初便提出加入南方共同市场的愿望。2004 年 12 月，委内瑞拉正式成为南方共同市场的联系国。2006 年 7 月，南方共同市场成员国与委内瑞拉举行南方共同市场特别首脑会议，共同签署委内瑞拉加入南方共同市场的协议。但是，根据《亚松森条约》的规定，该协议需经各成员国议会批准方能生效。此后，阿根廷和乌拉圭两国国会先后于 2008 年通过该协议，但巴西和巴拉圭国会在委内瑞拉加入南方共同市场问题上的立场尤为强硬，多次否决委内瑞拉的"入市协议"。质疑查韦斯政府的民主性、担心委内瑞拉激进的经济外交政策给南方共同市场发展带来不稳定性，以及巴西对委入市后对地区一体化影响有所顾虑等因素成为委内瑞拉加入南方共同市场进程如此艰难曲折的具体原因。[①] 对此，查韦斯总统曾扬言"委内瑞拉随时准备撤回加入该组织的申请"，以示不满。

巴西众、参两院分别于 2008 年 12 月和 2009 年 2 月举行投票通过委内瑞拉"入市协议"，但参议院仍"议而不决"，几经推迟，于 2009 年 12 月 15 日才通过委内瑞拉的"入市协议"。巴拉圭右翼国会议员多次表示"查韦斯在任一日，巴拉圭国会就不会通过委内瑞拉加盟南方共同市场的申请"。2009 年 11 月，巴拉圭国会以"委内瑞拉与哥伦比亚边境冲突升级，委有意挑起战端"为由，推迟讨论委内瑞拉的"入市协议"，并于 2010 年 3 月再次否决。2011 年，由于巴拉圭议会态度毫无松动，卢戈总统为避免该提案再次遭否决，被迫撤回申请。巴拉圭参议院外委会主席表示"在当前政治条件下，委内瑞拉加入南方共同市场不可行"。此后，虽

---

① 王淄：《委内瑞拉加入南方共同市场的曲折进程及前景展望》，《当代世界》2012 年第 5 期。

然巴拉圭卢戈总统大力游说和推动，但右翼控制的巴拉圭国会始终持反对意见。

　　为解决委内瑞拉加入南方共同市场在程序制度上的难题，2011 年 12 月，时任南方共同市场轮值主席国乌拉圭总统何塞·穆西卡（José Mujica）提议修改南方共同市场宪章，使各国总统具有批准新成员正式加入的权利，但该提议遭到巴拉圭国会强烈抗议，认为此举无视其议会的决定，并以退出南方共同市场作为威胁。当月，委内瑞拉查韦斯总统专程赴南方共同市场第 42 届峰会，呼吁南方共同市场尽快正式接纳委内瑞拉，以巩固和加快一体化进程。在各成员国首脑的高度重视下，会议还专门成立了由高级官员组成的工作小组，旨在加快委内瑞拉"入市"进程。但巴拉圭国会表示不会迫于压力改变一贯的"拒委入市"立场。2012 年 3 月，工作小组专程赴巴拉圭就此问题与该国国会进行交涉，仍无果而终。① 2012 年 7 月 31 日，南方共同市场成员国在巴西利亚举行特别会议，一致同意正式接纳委内瑞拉为该组织的第五个成员国。②

　　委内瑞拉加入南方共同市场后，因其国内局势不稳定以及民主制度出现问题，被南方共同市场驱逐。2016 年 8 月，巴西、阿根廷与巴拉圭的领导人于奥运会举行期间在里约热内卢碰面，讨论暂停委内瑞拉南方共同市场成员国资格事宜。③ 2016 年 11 月 21 日，巴拉圭外长伊拉迪奥·洛伊扎加（Eladio Loizaga）宣布委内瑞拉将从 2016 年 12 月起限期 3 个月修改其法律以遵循南方共同市场在贸易、政治、民主和人权等方面的相关要求。④ 2016 年 12 月 1 日，因委内瑞拉局势进一步恶化与各国治国方略相异，南

---

①　杨建民：《拉美国家的一体化与民主化——从巴拉圭政局突变和委内瑞拉加入南方共同市场谈起》，《拉丁美洲研究》2012 年第 6 期。

②　巴拉圭因被暂停成员国资格而缺席此次特别会议。因此，委内瑞拉加入南方共同市场实际上始终未得到巴拉圭方面的认可。

③　"Argentina, Brazil, Paraguay Dispute Venezuela as Mercosur Head," Telesur, August 4, 2016, https：//www. telesurtv. net/english/news/Argentina – Brazil – Paraguay – Dispute – Venezuela – as – Mercosur – Head – – 20160804 – 0021. html，访问日期：2018 年 7 月 4 日。

④　"Venezuela Suspended from Mercosur beginning December," Agence France-Presse, November 21, 2016, https：//www. yahoo. com/news/venezuela – suspended – mercosur – beginning – december – 000548012. html，访问日期：2018 年 7 月 4 日。

方共同市场 4 个创始国决定终止委内瑞拉成员国资格。2017 年 8 月，巴西、阿根廷、乌拉圭和巴拉圭外交部长一致决定将委内瑞拉逐出南方共同市场，并表示在其国内民主秩序恢复之前，不会允许其重新加入。此前，委内瑞拉成立了"制宪大会"，引发了拉丁美洲地区众多国家的关注。委内瑞拉制宪大会于 2017 年 8 月 4 日在委内瑞拉首都加拉加斯正式成立，根据委内瑞拉宪法，新宪法通过前，制宪大会将是高于任何其他政府部门的特殊权力机关。委内瑞拉总统尼古拉斯·马杜罗·莫罗斯（Nocolás Maduro Moros）希望重新制定国家宪法，维护国家和平、解决当前政治危机。

（二）组织机构变化

在组织机构方面，南方共同市场采用了简约且高效的机构设置，这反映出 20 世纪 90 年代重商主义者所提倡的区域一体化理念。[1] 南方共同市场是当前拉丁美洲和加勒比次区域一体化进程中机制建设最为完善的组织，机制设置在助推南方共同市场一体化进程中发挥了重要作用。

21 世纪以来，南方共同市场的组织机构变化主要体现为对其整体性的提升以及适应新形势变化的需要。首先，2003 年 10 月，南方共同市场共同理事会通过决议，成立南方共同市场常设代表委员会。委员会由 6 人组成，包括主席和每个成员国各 1 名常驻代表。主席一般由政界名人担任，任期为 2 年。2003~2005 年，这一职务由阿根廷前总统爱德华多·杜阿尔德（Eduardo Duhalde）担任。南方共同市场常设代表委员会的主要任务是配合理事会及其轮值主席的工作，加强南方共同市场内部的经济、社会和议会关系，代表南方共同市场参加国际谈判。2010 年 12 月，南方共同市场第 40 次首脑会议决定设立南方共同市场"高级代表"一职，全权代表南方共同市场与区域外国家或地区组织就经贸合作进行磋商，以强化南方共同市场的集体身份和共同立场。其次，为协调宏观经济和部门经济政策，共同市场小组增加了工作小组数量，从早期的 10 个增加到 14 个，负责协调通信、矿业、能源、工业、农业、劳工就业和社会保障、环境、卫生、技术准则、运输、金融、投资、电子商务、机构事务

---

① Center for Studies on Federalism, *International Democracy Watch*, 2011, p. 11.

等政策。它们的职能是就重要问题向共同市场小组提出建议，为其制定决议提供支持。每个工作小组每季度召开一次会议，在成员国轮流召开，或在秘书处所在地举行。在提案准备阶段可以吸收成员国私人部门代表参加，但是制定决议阶段只有官方代表可以参加。共同市场小组还设置了一些专门会议和特别小组，负责就需要特别关注的问题进行讨论，并向共同小组提供建议。共同市场小组还有一些附属机构，如南方共同市场培训学院、南方共同市场社会劳工委员会、南方共同市场民主观测站、南方共同市场劳动力市场观测站等。

经过 20 多年来的发展，当前，南方共同市场内部实行垂直管理，其主要组织机构包括：共同市场理事会（The Council of the Common Market，CCM）、共同市场小组（The Common Market Group，CMG）、贸易委员会（The MERCOSUR Trade Commission，MTC）、南方共同市场议会（The MERCOSUR Paliament）、南方共同市场秘书处（The MERCOSUR Administrative Secretariat，MAS）、联合议会委员会（The Joint Parliamentary Commission）等。其中，共同市场理事会、共同市场小组和贸易委员会保持了南方共同市场成立之初的设置，是该组织的核心部门，具有决策权。

共同市场理事会是南方共同市场最高决策机构，由各成员国外交部长和经济部长组成，理事会主席由各国外长，以阿根廷、巴西、巴拉圭、乌拉圭、委内瑞拉为序轮流担任，每届任期半年。共同市场理事会负责推进南方共同市场各项协议协定的落实，其职能设置与欧洲理事会相近，在一定意义上具有超国家主权机构的权力。南方共同市场理事会主要职责是制定一体化进程的有关政策，采取措施保障《亚松森条约》制定的目标按期完成，保证"共同市场"顺利组建。共同市场理事会建立了每半年一次的首脑会议制度，讨论和协调区内外合作重大事宜，理事会负责首脑会议的筹备和组织工作。截至 2018 年底，南方共同市场首脑会议已举行 53 次。[①] 在共同市场理事会下，根据不同工作内容又分设了部长级会议、

---

① 根据南方共同市场最初成立时的规定，首脑会议每年至少举行两次。但是在 2016 年，并未召开首脑会议。这也反映出南方共同市场近年来的颓势。

工作组和其他机构。部长级会议主要包括农业、文化、经济和央行、教育、工业、内政、司法、环境、矿业、卫生、劳工、妇女领导人、体育、旅游、科技和创新及社会发展等16个方面。工作组包括南方共同市场增加就业高级战略工作组、制定南南合作计划高级别工作组、南方共同市场理事会和议会机制关系高级别工作组、玻利维亚加入南方共同市场特别工作组、委内瑞拉加入南方共同市场特别工作组及厄瓜多尔加入南方共同市场特别工作组等6个。其他机构还包括南方共同市场高级总代表、常驻代表委员会、社会事务部长协调委员会、政治磋商和协调论坛、培训学院、民主观察站、人权高级别会议等，均隶属南方共同市场共同理事会管辖。

南方共同市场共同市场小组是南方共同市场的执行机构，由成员国各派4名正式成员和4名替补成员组成，负责实施条约和理事会做出的决议，并就宏观经济政策协调、对外贸易政策及与域外国家或国家集团商签自由贸易协定提出建议。共同市场小组根据工作内容又建立了17个次工作组，主要负责电信、机制关系、技术规定和分析、金融事务、交通、环境、工业、农业、能源、劳工/社会保障、卫生、投资、电子商务、生产一体化、矿业/地质、公共采购和服务业等17个方面的工作。同时，共同市场小组还建立了14个特别会议机制，就家庭农业、电影和影音制品、科技、社会沟通、南方共同市场合作社、南方共同市场公共护民官、药品合理使用/戒毒、南方共同市场统计数据、青年、公共管理、政府内部控制、促进共同贸易、减少社会自然/民防/公民保护/人道主义和旅游等工作进行协商。此外，共同市场小组还建立了11个特别小组，对糖业、共同对外关税、不对称性协调、生物燃料、总控、资本/信息/通信产品、避免双重征税及关税分配、支持中小企业基金、世贸组织及发展中国家全球贸易优惠体系的谈判与磋商、专利制定和落实、关税目录条例制定等重大问题进行磋商。共同市场小组还管辖劳工市场观察站、省/州/市/府咨询论坛、机制分析/预算事务/国际合作/规则制定和对外关系等特别事务小组、社会劳动委员会、汽车理事会等5大机构。

南方共同市场贸易委员会的主要职责是解决南方共同市场内部贸易纠

纷及市场监管，由 1 名主席和各成员国 1 名代表组成，至少每月举行一次会议。贸易委员会下设税务、商品目录、海关事务、贸易规则、竞争力保护、对外贸易统计数据、贸易保护和保障、保护消费者等 8 个分委会。具体工作内容包括制定关税政策、给商品命名以及制定货物标准；管理关税事务、制定贸易规则及标准、应对竞争与危机；负责南方共同市场外贸统计、消费者保护、贸易保护及安全。

南方共同市场议会是南方共同市场的立法机构，实行一院制，总部设在乌拉圭首都蒙得维的亚，其职责是作为独立和自治机构对南方共同市场建设提出意见并实行监督。截至 2017 年底，议会设有 139 个议席，其中阿根廷 43 席，巴西 37 席，乌拉圭、巴拉圭各 18 席，委内瑞拉 23 席。玻利维亚仍在履行加入南方共同市场相关法律程序，享有参会权和发言权，尚无投票权，待正式"入市"后，将获 18 个议席。

南方共同市场常设审查法庭为南方共同市场的司法机构，负责受理成员国在一体化进程中出现的纠纷，总部设在巴拉圭首都亚松森。常设审查法庭由 5 名成员组成，其中 4 名由各国而成员国直接任命，任期 2~3 年，可连任 2 次；第 5 名成员作为法庭庭长，须经成员国一致同意，任期 3 年，一般不得连任。南方共同市场常设审查法庭一方面直接受理国家或个人提出的针对成员国的投诉，另一方面也负责对特别法庭做出的判决进行审查。

南方共同市场经社理事会于 1994 年 12 月成立，主要由私营机构组成，无决策权，旨在加大南方共同市场成员国公民社会参与南方共同市场一体化进程，促进妇女参与政治事务以及性别平等。

南方共同市场秘书处成立于 1996 年 12 月，位于乌拉圭首都蒙得维的亚。秘书处是南方共同市场的行政机构，负责向南方共同市场其他机构提供服务。2002 年前，秘书处的主要职责是管理南方共同市场各项条约、各项会议会务工作以及向各成员国政府通报信息等。2002 年后，秘书处的职责更加技术化，负责向南方共同市场其他机构提供技术支持，加强机构间协调，配合其他机构推进一体化进程。

南方共同市场行政劳工法院是南方共同市场内部唯一受理秘书处工作

人员、秘书处雇佣人员以及南方共同市场其他机构工作人员行政劳工纠纷的司法管辖机构，总部设在乌拉圭首都蒙得维的亚。

南方共同市场法治推广中心旨在推广民主法制，促进南方共同市场各成员国政府实施良政，推进一体化进程学术研究。主要工作形式是举办各种类型的会议、研讨班和论坛，出版相关著作等。

（三）争端解决与仲裁

1991 年 3 月生效的《亚松森条约》明确了在南方共同市场内部建立争端解决机制的必要性，并在其附件三中建立了南方共同市场在正式成立之前的过渡期内适用的临时争端解决机制，规定了从直接磋商到诉至共同市场小组再到上诉至共同市场理事会的简单程序。但是，这一机制的特点是执行力较弱。[①] 随后，1991 年 12 月 17 日，各成员国签署了《巴西利亚议定书》，并于 1993 年 4 月正式取代《亚松森条约》，规定了新的争端解决机制，即建立以仲裁法院为基础的争端解决机制。1995年，南方共同市场正式建立仲裁法院，但该机构自建立之日即遭到各成员国的抵制。巴西认为，南方共同市场各成员国的综合实力和政治利益取向相差较远，各国在涉及自身利益问题上的主权保护是各国决策的底线，不能被突破。这一立场导致南方共同市场仲裁法院的裁决并不具有强制约束力。

仲裁法院建立后，直到 1999 年才做出第一项裁决，该项裁决要求各成员国削除非关税壁垒，各成员国几乎全部予以反对，导致该项裁决迟迟不能得到落实。2002 年 2 月 18 日，南方共同市场成员国签署了《关于解决争端的奥利沃斯条约》，该条约于 2004 年 1 月 1 日生效，《巴西利亚议定书》随即废止。《奥利沃斯条约》成为南方共同市场争端解决的唯一法律原则和程序。该条约建立了类似于 WTO 模式的争端解决程序。条约规定，南方共同市场的仲裁机构包括常设审查法庭和特别法庭；出现争端的

[①] Ljiljana Biukovic, "Dispute Resolution Mechanisms and Regional Trade Agreements: South America and Caribbean Modalities," *U. C. Davis Journal of International Law and Policy*, Vol. 14, 2008, p. 255.

成员国可向特别法庭提起诉讼，也可以直接将诉讼提交给常设审查法庭。如果成员国对特别法庭的判决不服，可以向审查法庭提起上诉。成员国在可能的争端发生之前，可请求常设审查法庭做出临时判决，以避免不可挽回的损失。常设审查法庭和特别法庭的裁决对成员国具有强制性。如果成员国之间某种进口产品对进口国市场造成了严重威胁，双方可通过共同市场小组调节，从而在一定程度上简化了争端解决程序。如果成员国受到非成员国倾销产品的损害，也可以由共同市场小组和仲裁法庭协调。同时，允许成员国在 WTO 和南方共同市场争端解决机制中进行排他性选择。①

　　2004 年之前，南方共同市场成员国在解释、执行或履行《亚松森条约》的规定以及理事会和共同市场小组做出决议过程中出现争端时，主要基于该条约以及《巴西利亚议定书》的有关规定解决。共同市场贸易委员会内部出现争端，应首先由有关双方直接谈判，在谈判未果的情况下，则提交贸易委员会或直接交给共同市场小组。仲裁的顺序依次是贸易委员会、技术委员会、共同市场小组、仲裁法庭。各成员国对于法院裁决的态度直接导致仲裁法院运行困难，截至 2004 年，南方共同市场仲裁法院仅做出 9 项裁决。在这九个决议里，5 项是关于阿根廷和巴西之间的冲突，4 项关于乌拉圭与阿根廷（2 次），另外两项关于乌拉圭和巴西。南方共同市场大部分内部争端只能通过政治渠道得到平息。②

　　简言之，南方共同市场的超国家主权仲裁机构难以获得如欧盟和世贸组织类似的法律约束力，其机制运作也必须保持低调、灵活，这已引发许多企业主和投资者对区域内跨境贸易心存疑虑。也正因为缺乏权威的争端解决机制，南方共同市场某些领域的争端既影响区域内贸易，也可在一定程度上被政治化；如持续升级，还会引发双边关系紧张。因

---

① 林华、王鹏、张育媛编著《列国志·拉丁美洲和加勒比地区国际组织》，社会科学文献出版社，2010，第 306 页。

② 吴缙嘉：《拉美和加勒比地区一体化困局——基于南方共同市场和拉美"太平洋联盟"的比较研究》，博士学位论文，中国社会科学院研究生院，2016，第 43~44 页。

此，南方共同市场仲裁法院的定位基本是应对"特定条件下不断激化的贸易争端"。[①]

三　成员国之间的相互关系

(一) 分歧与冲突

经济一体化给各个成员国带来的利益不平衡、贸易保护主义思想根深蒂固、对美洲自由贸易区的立场不同、在汇率和对外共同关税方面的意见不统一，导致成员国之间纷争不断。

巴西和阿根廷是南美洲地区两个最重要的大国，长期以来一直是竞争对手关系。因此，二者之间的外交关系始终体现为一种互不信任的模式。尤其是两个国家在世纪之交先后遭遇危机，不仅没有成为一体化进程中做出调整或寻求新机遇的时刻，反而削弱了一体化进程。国内经济困境使企业团体和精英阶层反对南方共同市场的情绪高涨。巴西和阿根廷先后出现贸易赤字，使人们对区域一体化造成的担心程度加重，贸易保护主义重新回归。由于阿根廷 2001 年拖欠外债，巴西长期根深蒂固的观点重新活跃，即南方共同市场不能充分发挥巴西的政治和经济潜力。相反，阿根廷方面则认为巴西在 1999 年雷亚尔贬值后的贸易顺差是造成 2001 年底阿根廷经济危机的主要原因之一。[②]

一直以来，巴西自视为拉丁美洲的潜在霸主和地区领导国。第二次世界大战后，尽管巴西在一些外交议题方面站在美国一边，但仍保持了一定的外交独立性。由于在外交事务方面具有独立传统以及具备拉丁美洲地区大国的实力，巴西在 20 世纪 90 年代将拉丁美洲地区一体化看作重点，重视程度超过了西半球一体化。巴西认为西半球一体化将减弱其在南美洲或者是拉丁美洲的控制力和影响力。因此，巴西积极推动南方共同市场的建立和发展，并将其视为加强地区领导权的基础。从阿根廷

---

① Sergio Caballero, *El Proceso de Integración del MERCOSUR a Través de las Teorías de la Integración Regional*, CEFIR, 2011, p. 6.

② Kume, H., & Piani, G., "Mercosul: Dilema entre União Aduaneira e Área de Livre-comércio", *Revista de Economía Política*, Vol. 25, No. 4, 2005, pp. 370 – 390.

的角度来看，梅内姆任总统期间，阿根廷与美国交好。因此，阿根廷对于成为北美自由贸易区成员国表现出了极大的兴趣。① 阿根廷将南方共同市场看作其推动西半球一体化的初期成果，这与巴西的主张产生了分歧。与巴西的地理区域战略不同，阿根廷将南方共同市场看作促进其国内企业国际化的渠道。②

　　1992 年和 1993 年，南方共同市场内部就出现了巴西与其他成员国之间贸易不平衡的问题。因此，4 个成员国在共同对外关税问题上曾一度出现较大的意见分歧。巴西主张对资本货物及信息、化工等产品采取较高的关税，以保护这些"战略性的工业部门"，而阿根廷则主张实行低关税，以便进口外国的高技术产品装备本国工业，巴拉圭和乌拉圭也希望实行低关税，促进本国出口。经过反复磋商和协调，4 国才于 1994 年 8 月确定共同对外关税及其他共同的对外贸易政策。

　　出口产品雷同是南方共同市场成员国之间贸易冲突难以避免的主要原因。根据表 5 - 2 的数据，无论是南方共同市场作为一个整体，还是每个单独的成员国，贸易结构基本类似，均为初级产品顺差，高技术制成品逆差。由于各国相互之间经济互补性不强，因此在出口方面存在冲突。例如，巴西和阿根廷同是拉丁美洲汽车生产大国，都想争取汽车出口的高额利润。阿根廷每年对巴西的出口中，汽车就占 1/3，两国也曾数次在汽车贸易上发生冲突。1998 年底和 1999 年初，两国分别采取发放进口许可证和设立附加关税的措施限制对方出口商品。包括汽车、食品、肉鸡和猪肉在内的一大批阿根廷产品被限制进入巴西市场；巴西向阿根廷出口的汽车、纸张、钢铁、化肥、化学产品、食品、机械、机床和工具等也同样受到影响。这场冲突也波及了乌拉圭和巴拉圭两个成员国。最后，巴西和阿根廷两国总统亲自出面干预，才平息了这场贸易战。

---

① Bernal-Meza, R., "La Crisis Argentina: su Impacto en las Relaciones Bilaterales Argentino-Brasileñas y Sobre el Mercosur," *Cadernos Prolam*, Vol. 1, No. 1, 2002.

② Jeffrey W. Cason, *The Political Economy of Integration: The Experience of Mercosur*, New York: Routledge, 2011, p. 73.

表 5 - 2   1999 年南方共同市场及其成员国贸易盈余

单位：百万美元

商品种类	南方共同市场	阿根廷	巴西	巴拉圭	乌拉圭
初级产品	8412	6319	1799	309	-15
(1)农产品	7529	4292	2684	340	213
(2)矿产品	2997	369	2643	-4	-11
(3)能源	-2113	1658	-3527	-27	-217
制成品	-18128	-8850	-6702	-1474	-1102
(1)初级制成品	10980	1821	8806	-252	605
(2)资源型制成品	10343	3742	6114	-126	-8
(3)耐用制成品	2689	-1885	-252	-284	-268
(4)高技术制成品	-23289	-8457	-13481	-532	-819
其他商品	840	44	820	-1	-23

资料来源：Economic Commission for Latin America and the Caribbean（ECLAC）。

民主成为国家之间产生分歧的又一重要原因。2012 年 6 月 29 日，在阿根廷门多萨市举行的第 43 次南方共同市场峰会上，巴拉圭的南方共同市场成员国资格被暂停。原因在于 6 月 22 日，巴拉圭的民选总统卢戈被国会弹劾下台，引发整个拉丁美洲地区震动。拉丁美洲国家纷纷谴责巴拉圭国会的做法，认为巴拉圭国会不经独立机构的调查，草率完成对卢戈的"政治审判"，是一种"变相的政变"。鉴于此，巴拉圭将暂时不能参与南方共同市场举行的任何会议和讨论，投票权和否决权也被暂时剥夺，直至 2013 年巴拉圭进行下次大选。虽然政治上做出严厉决定，但南方共同市场同时表示将不会对该国进行经济制裁。2013 年 7 月，南方共同市场第 45 次首脑会议在乌拉圭首都蒙得维的亚举行，会议就巩固关税同盟、深化一体化进程等进行讨论并发表共同声明，决定在巴拉圭总统奥拉西奥·卡特斯（Horacio Cartes）8 月正式就职后恢复该国成员国身份。2016 年，巴拉圭通过"南方共同市场"批判另一成员国委内瑞拉对其公民自由权利的侵犯。[①] 8 月 19 日，巴拉圭外交部宣布召回驻委内瑞拉大使，冻结两国外交关系。[②] 2016 年 12 月 1 日，因委内瑞拉局势进一步恶化与各国治国方略相异，南方共同市场 4 个创始国决定终止委内瑞拉成员国资格。2017 年 8 月，巴西、阿根廷、乌拉圭和巴拉圭外交部长一致决定将委内瑞拉逐出南方共同市场，并表示在其国内民主秩序恢复之前，不会允许其重新加入。

（二）联合与合作

2000 年 8 月 31 日～9 月 1 日，时任巴西总统恩里克·卡多佐倡导的首次南美国家首脑会议在巴西利亚举行，南美洲 12 个国家的总统出席了会议。会议发表了《巴西利亚公报》，南美各国决定在多边贸易谈判中进一步加强相互间的政治协调与合作，加速推进地区一体化进程，以更强的集团姿态应对经济全球化的挑战。此次会议，南方共同市场和安第斯共同体各成员国总统决定最迟于 2002 年 1 月建成两大集团的自由贸易区，并最终形成一个包括智利、圭亚那和苏里南在内的南美经济贸易区。这可以看作以巴西为主导的南方共同市场倡导更大范围自由贸易区的有益尝试。2003 年巴西卢拉总统执政后，建设一个民主、繁荣、公正、联合的南美洲成为其外交政策的重点之一。为了实现这一目标，巴西提出了重建南方共同市场，希望在巴西金融动荡、阿根廷和乌拉圭先后经历严重的经济危机之后，恢复各国以及南方共同市场的活力。[③]

2012 年 12 月 7 日，南方共同市场第 44 次首脑会议在巴西首都巴西利亚举行，会议接纳玻利维亚为第 6 个成员国。但是玻利维亚正式成为南方共同市场成员还需巴西和巴拉圭议会批准，阿根廷、乌拉圭和委内瑞拉议

---

① 委内瑞拉给予的回应是，要求收回巴拉圭国家燃料进口公司 Petropar 所欠下的 2.87 亿美元债务。

② Raúl Bernal-Meza, "Alianza del Pacífico Versus ALBA y MERCOSUR-Entre el Desafío de la Convergencia y el Riesgo de la Fragmentación de Sudamérica," *Pesquisa & Debate*, Vol. 26, No. 47, 2015, pp. 1 – 34.

③ SF Christensen, "The Influence of Nationalism in Mercosur and in South America—Can the Regional Integration Project Survive?" *Revista Brasileira de Política Internacional*, Vol. 50, No. 1, 2007, pp. 139 – 158.

会早前已经批准了这一决定。

巴西和阿根廷均认识到南方共同市场内部的不平衡。2006 年，巴西时任外交部长阿莫林提出了"新政（New Deal）"，创立结构协调基金降低内部不对称。2007 年 2 月，卢拉总统访问乌拉圭期间，两国签署了一系列针对降低南方共同市场成员国之间不对称性和加强经济发展的文件。同时，巴西提出了包括石油和水泥等领域在内的一揽子投资乌拉圭计划，同时加强乌拉圭向巴西的出口便利化措施建设，扭转乌拉圭同巴西贸易中长期赤字的局面。[①] 2017 年 11 月 2 日，智利与阿根廷外长在布宜诺斯艾利斯签署了贸易协定，旨在深化两国在投资、公共采购、电信、电子商务等领域的合作。

综合来看，乌拉圭和阿根廷在南方共同市场一体化进程中较为活跃，一直是南方共同市场超主权机制化的积极推动者，他们希望以此来限制巴西的一些行为。但是多年以来并未获得有效进展。

第二节　2003 年以来南方共同市场的发展变革

2003～2011 年，南方共同市场各成员国逐渐从危机中恢复，一体化重启。2012 年，随着委内瑞拉的加入以及拉美地区一体化进程的加速，南方共同市场一体化也呈现出新的特点。

一　从危机中恢复

2003 年，随着巴西和阿根廷逐步从金融危机中恢复，再加上全球大宗商品超级周期开启，南方共同市场的区域内贸易随着各国经济增长的恢复而有所回升，但没有恢复到危机前的水平。2004 年，4 个成员国之间的贸易总额尽管较 2003 年增加了约 42 亿美元，但仍不及 1997 年的水平。

---

① "Contra EUA, Lula Oferece 'Pacote' ao Uruguay," Folha de São Paulo, http: //tools. folha. com. br/print? site = emcimadahora&url = http% 3A% 2F% 2Fwww1. fol, 访问日期: 2018 年 8 月 8 日。

2000 年，巴西和阿根廷之间的贸易额占区内贸易总额的 90% 以上，并带动了同乌拉圭和巴拉圭的贸易往来。危机后经历重建的巴西和阿根廷实现了双边贸易额的连续增长，两国贸易总额从 2004 年的 131.72 亿美元增至 2011 年的 391.43 亿美元，增长了 197%。[①]

经过多年努力，南方共同市场内部贸易总额从 2001 年的 154.71 亿美元上升至 2011 年的 514.85 亿美元，[②] 对外贸易总额也实现了大幅增长，2002～2010 年，年均增长 17.4%，进、出口额分别增长 20% 和 15.5%。[③] 2004 年，巴西和阿根廷推动建立了 "南方共同市场结构协调基金"[④]，旨在促进乌拉圭和巴拉圭两个小国充分享受南方共同市场一体化的红利，激发其参与南方共同市场建设的积极意愿，减轻成员国之间和各国国内发展的不平衡，为地区一体化加深创造更为有利的条件。

自 2003 年起，南方共同市场内部贸易越来越依靠国别政策的推动，而非源于南方共同市场各国政策协调产生的刺激。这一现象亦导致南方共同市场逐渐失去成立之初贸易自由化进程激发的内生动力。尽管自南方共同市场成立以来，统一关税和消除贸易壁垒是其贸易一体化的目标，但是消除非关税壁垒、统一对外关税以及服务贸易自由化成为进展最为缓慢的领域。这种不完全的贸易自由化使南方共同市场推动成员国经济发展的能力受到限制，各成员国对一体化程度的前景产生怀疑，南方共同市场表现出对区内和区外矛盾较差的应对和协调能力。

2003 年，时任阿根廷总统基什内尔和巴西总统卢拉共同发布《布宜诺斯艾利斯共识和工作计划 2004～2006》，该计划将南方共同市场的发展重心从经济和贸易层面转向社会政治层面。其中有两个倡议较为

---

① Centro de Estudios para la Producción Ministerio de Industria, *Comercial Bilateral Argentina-Brasil (Año 2011)*, Buenos Aires Presidencia de la Nación, 2011, p. 2.

② Ignacio Bartesaghi, *La evolución del Comercio Intrarregional en el MERCOSUR*, 2012. 12, p. 44.

③ Alejandro D. Jacobo, Ariel A. Barraud, *Mercosur, Un Análisis Empírico desde el Comercio Exterior*, Cuadernos de CC. EE. y ee., No. 64, 2013. 6, p. 65.

④ 为帮助乌拉圭和巴拉圭等弱小经济体加强基础设施和能力建设，南方共同市场设立了总额超过 10 亿美元的结构协调基金，以促进成员国经济均衡发展。

重要，一个是从 2005 年起建立南方共同市场议会的倡议；另一个则是由乌拉圭提议的"我们是南方共同市场"计划，旨在培育南方共同市场共同公民属性的概念。从一定意义上说，1999～2002 年，阿根廷和巴西等成员国的经济危机虽然使南方共同市场经贸一体化进程放慢了脚步，但也给了南方共同市场一个重新定位的契机，使一体化进程有机会聚焦曾经在发展进程中处于次要地位的领域，并从中重新获取发展动力。

二　地区一体化新格局

进入 21 世纪，拉美国家顺应国际格局的变化，独立自主、抱团取暖的意识日益加强。近年来，随着拉美太平洋联盟及拉丁美洲和加勒比国家共同体（CELAC）的成立，以及南美洲国家联盟（UNASUR）近乎解体，拉美地区再次迎来新一波发展整合，地区一体化进入新格局。在此期间，南方共同市场也实现了首次扩员，并积极扩大开放，在贸易和金融一体化方面均实现了突破，重拾一体化。

2012 年 8 月，委内瑞拉正式加入南方共同市场，这是南方共同市场历史上第一次扩员。此后，玻利维亚于 2015 年 8 月正式加入南方共同市场，南方共同市场正式成员国增加至 6 个。南方共同市场扩员将有助于内部市场扩容，优化产业结构、促进技术和资源的重新配置，实现优势互补。

南方共同市场是世界上重要的能源、矿产、农牧产品生产地和潜力巨大的市场。国际金融危机爆发后，南方共同市场各国在 2012～2014 年有效克服了金融危机的冲击，经济快速复苏，并保持较快发展势头，整体实力持续提升。2014 年起，受以矿产品和石油等国际大宗原材料价格走低的影响，阿根廷和巴西两国经济增长进入下行通道，对南方共同市场一体化产生了一定的影响。

2012 年重启一体化以来，南方共同市场与区外国家和国家集团的贸易一体化谈判取得一定进展，与拉丁美洲太平洋联盟各成员国均签有经济伙伴协定。2014 年 9 月，南方共同市场宣布和拉丁美洲太平洋联盟开启整合进程。时任巴西外长路易斯·阿尔贝托·菲格雷多·马沙多（Luiz Alberto Figueiredo Machado）在接受巴西参议院质询时表示："南方共同市场与拉丁美洲太平洋联盟已在削减关税问题上达成共识，以推进彼此间一体化进程，南方共同市场愿与包括拉丁美洲太平洋联盟及欧盟在内的其他国家和地区开展经贸合作。"2019 年 6 月，经济总量之和约占全球 1/4 的两大区域组织——欧盟与南方共同市场宣布达成自由贸易协定。在"开放、公平、可持续"的基础上，双方在自贸协定的传统关税减让内容之外还就政府采购、贸易便利化、卫生检验检疫以及知识产权等多领域达成共识。欧盟 - 南方共同市场自贸协定一旦生效，南方共同市场成员国出口欧盟的部分农产品关税将被取消，出口商有望增加肉类、糖等产品的出口；欧盟出口南方共同市场成员国的大部分关税也将被取消，有利于促进其工业品出口。在保护主义四起、民粹主义抬头之际，欧盟和南方共同市场结束长达 20 年的自由贸易协定谈判不仅在世界范围内用实际行动捍卫了多边贸易体制，更为南方共同市场提高融入全球价值链的程度以及国内改革提供了机会窗口。

第三节　南方共同市场与其他拉丁美洲
一体化组织的关系

　　南方共同市场是拉美地区经济体量最大的次区域一体化集团，机制化建设水平较高，在地区和全世界具备一定的影响力。自成立以来，南方共同市场积极加强同地区其他次区域一体化组织的关系，共同推进拉美地区的一体化进程。

一　安第斯共同体

　　安第斯共同体，也称安第斯集团，由哥伦比亚、秘鲁、委内瑞拉、玻利维亚和厄瓜多尔等南美洲 5 国于 1969 年成立。2006 年，哥伦比亚与美国签订自由贸易区，委内瑞拉因此退出了该集团。南方共同市场和安第斯共同体开展经济合作的同时还进行了政治对话。

（一）经济合作

1994 年 12 月，安第斯集团确定了扩大自由贸易区的方针，目标是把一体化进程逐步同南方共同市场协调起来并最终形成南美经济联盟。同时，南方共同市场 4 国首脑会议也强调加强与西半球其他一体化组织之间的合作，努力实现美洲大陆一体化。因此，自 1995 年起，南美洲两个最大的一体化组织——南方共同市场和安第斯共同体始终在进行谈判，希望两大集团进行合并，建立自由贸易区。1995 年 1 月，委内瑞拉贸易部长以安第斯集团的名义提出了两大集团组成自由贸易区的建议，南方共同市场接受了这一建议。2 月，南方共同市场与安第斯共同体代表在蒙得维的亚举行会议，首次正式商讨拉丁美洲地区两大组织建立自由贸易区的可行性。1996 年 12 月，南方共同市场率先同玻利维亚签署了自由贸易协定。1998 年 4 月，这两个组织签署了有关创建自由贸易区的框架协定，目标是在 2000 年实现两集团之间自由贸易。

南方共同市场与安第斯共同体建立自由贸易区的协定规定谈判分为两个阶段进行：第一阶段，谈判的主要内容是在现有协定基础上的一项专门关税优惠协定；第二阶段，谈判的主要内容是全面自由贸易协定。1998 年 6 月，第一阶段的谈判正式开启，采取的方式是组织之间，并不涉及具体单独国家。由于在敏感产品清单和免税时间表上存在巨大分歧，第一阶段的谈判一直未能取得有效进展。鉴于此，巴西建议，谈判的形式改为南方共同市场的每个成员国单独与安第斯共同体进行谈判，或安第斯共同体的成员国单独与南方共同市场进行谈判。这一建议收到了较好的效果，有效促进了两大地区一体化集团的融合：巴西和阿根廷分别在 1999 年和 2000 年与安第斯共同体签署了《部分经济补充协定》；玻利维亚和秘鲁与分别于 1996 年 12 月和 2003 年 8 月与南方共同市场签署了《经济补充协定》。2000 年在巴西举行的第一届南美国家首脑会议上，南方共同市场和安第斯共同体决定加快合作进程。2001 年 4 月，第二阶段的谈判开始。2002 年 12 月，两大集团在巴西利亚签署了《经济补充协定》，决心在 2003 年 12 月 31 日之前完成有关自由贸易协定的全部谈判。为此，南方共同市场 4 个成员国与安第斯共同体的哥伦比亚、厄瓜多尔和委内瑞拉在 2003 年 12 月签署了《第 59 号经济补充协定》，希望通过扩大贸易范围和贸易多样性、消除关税以及非关税壁垒等途径形成自由贸易区。在 2003 年 12 月南方共同市场第 25 届首脑会议上，南方共同市场与安第斯国家共同体正式签署自由贸易协议，商定在未来 10 ~ 15 年逐步取消关税，并自 2004 年 4 月开始制定减免关税产品清单。

　　双方的谈判存在很大分歧。临时免税品和特别敏感产品清单长度是存在于发展中国家特惠协定中一个普遍问题，南方共同市场和安第斯共同体都想改变特别敏感产品清单的长度：南方共同市场赞成按照智利和玻利维亚的先例先列出一个短清单，但是安第斯共同体却倾向于长清单，囊括更多的商品。谈判还在原产地规则、出口处理区和农产品等领域出现分歧。对于安第斯共同体而言，南方共同市场的原产地规则的局限性过强，以至于国内生产者不能从自由贸易协定中获得好处。安第斯共同体将农产品（双方共同的敏感部门）放在贸易自由化过程的后期执行，引起南方共同市场成员国特别是阿根廷和乌拉圭的不满。[①]

　　对于南方共同市场而言，从短期看，与安第斯共同体签署的自由贸易协定在提高市场准入方面的收益不大。同样，安第斯共同体中以哥伦比亚为代表的工业成熟安第斯国家也担心同南方共同市场的自由贸易协定会使其工业受到来自国外的竞争，破坏其工业基础。1998 年 4 月，安第斯共同体和南方共同市场签署了分阶段谈判建立自由贸易区的框架协定。2000 年，双方就建立两大地区自由贸易区问题进行磋商，但最终由于在农产品等关键领域的分歧，双方并没有在预定时间内签署自由贸易协定。[②] 但是，巴西与安第斯共同体单独达成了自由贸易协定，决定对 2700 种产品实行减税和全部免除进口关税的规定。

　　2003 年起，安第斯共同体开始单独与南方共同市场成员国签署自由

---

① 左品：《南方共同市场经济一体化研究》，博士学位论文，南京大学，2011，第 105 页。

② Gabriela Mancero-Bucheli，"Anti-Competitive Practices by Private Undertakings in Ancom and Mercosur: An Analysis from the Perspective of EC Law"，*The International and Comparative Law Quarterly*，Vol. 47，No. 1，1998，pp. 150 – 151.

贸易协定，同年，南方共同市场分别与秘鲁、哥伦比亚、厄瓜多尔和委内瑞拉签署了自由贸易协定。2003 年 12 月 16 日，安第斯共同体 3 个成员国哥伦比亚、厄瓜多尔和委内瑞拉与南方共同市场 4 个成员国阿根廷、巴西、乌拉圭和巴拉圭的代表在蒙得维的亚签署《安第斯共同体与南方共同市场经济互补协定》（以下简称《协定》）。《协定》规定，自 2004 年 7 月起建立自由贸易区，双方承诺在 10 年内取消绝大部分产品的关税。这为加强南美地区团结和拉美一体化组织其他成员将来加入该协定迈出了重要一步。自由贸易区的建立通过对原产于和来自签字国的产品贸易自由化计划得以实现，该计划包括逐步和自动降低各签字国现行的对第三方的进口关税水平。《协定》包括税率方面的规定，旨在促进签字国间的贸易交流、相互投资，改善货物运输和人员交流条件，推动各领域基础设施建设和现代化的合作机制的建立，支持共同开展科研和技术的设想并为其提供便利。《协定》主要包括工业品和农产品贸易、关税减让表、原产地规则、技术标准、动植物检疫、保障措施和争端解决机制。

《安第斯共同体与南方共同市场经济互补协定》在关税减让方面，遵循拉美一体化协会的对称原则，同时考虑各国不同发展水平，确定不同的减让期限（见表 5 - 3）。签字国之间事先通过协议已达成的优惠部分，根据对称原则和不同发展水平，保留期限分别为：巴西 6 年，阿根廷 8 年，哥伦比亚、乌拉圭和巴拉圭 10 年。保留地区优惠关税协定（PAR）和市场准入规则（NAM）规定的优惠关税和其他条件。在最初的关税减让承诺中，阿根廷和巴西给予哥伦比亚 30% 的优惠，哥伦比亚给予上述两国 15% 的优惠；哥伦比亚与乌拉圭相互给予 25% 的优惠，哥伦比亚给予巴拉圭 35% 的优惠，巴拉圭给予哥伦比亚 15% 的优惠。根据外贸混合委员会的标准，哥伦比亚大部分出口产品的减让期限为 12 年，部分敏感商品，如实行限价的商品、鞋类、木制家具、家电、汽车，关税减让期为 15 年。本国不生产的原材料、资本货物列入立即减让商品表中。

表 5 – 3　　2003 年《安第斯共同体与南方共同市场经济互补协定》中的关税减让

国家	立即减税商品期限	一般商品期限	敏感商品期限
哥伦比亚	6 年	12 年	15 年
巴西	5 年	10 年	15 年
阿根廷	5 年	10 年	15 年
乌拉圭	6 年	12 年	15 年
巴拉圭 *	6 年	12 年	15 年

* 巴拉圭两年之后实行。

资料来源：《安第斯共同体与南方共同市场经济互补协定主要内容》，中华人民共和国驻哥伦比亚共和国大使馆经济商务参赞处，http：//co. mofcom. gov. cn/article/ztdy/200408/200408002 66140. shtml，访问日期：2018 年 8 月 4 日。

　　《安第斯共同体与南方共同市场经济互补协定》还规定了保障措施条款。《协定》规定，在减税期（15 年）另加 4 年内，一成员国可以在由于从另一成员国进口的增加对本国民族工业造成损害时采取控制进口措施。措施到期时管理委员会进行评估以解决是否取消该措施。如管理委员会认为有必要，可以将一般保障措施改为特殊保障措施，以使本国货币出现大幅贬值的成员国改变由此引起的贸易不平衡状况。在标准和技术规则方面，根据世界贸易组织和拉美一体化协会的相关规定，《协定》附件中对标准和技术规则做出了规定，以避免由此出现影响相互贸易的不必要的困难。此外，各方同意，为保证标准和规则的等同性，各自可根据情况签署有关机构相互承认协议。其他贸易方面的纪律，协定引用 1994 年关税协定、蒙得维的亚协定和世贸协定的规定。此外，《协定》还在医药产品、农业、动植物检疫措施和原产地规则方面进行了详细规定，并在促进服务、投资、知识产权保护、基础设备建设、科技合作发展等方面，根据世贸组织的规则做了一般性规定。[①]

---

① 资料来源：《安第斯共同体与南方共同市场经济互补协定主要内容》，中华人民共和国驻哥伦比亚共和国大使馆经济商务参赞处，http：//co. mofcom. gov. cn/article/ztdy/200408/ 20040800266140. shtml，访问日期：2018 年 8 月 4 日。

（二）政治对话

南方共同市场与安第斯集团之间除了在经济方面加强合作之外，还进行了广泛的政治合作。2000 年和 2002 年南美洲国家首脑会议期间，两个组织的成员国首脑就地区事务和世界局势进行了磋商。2001 年 7 月，两个集团和智利外长共同在玻利维亚的拉巴斯建立了"政治对话与协调机制"，希望以此加强各国除经济一体化之外更多方面的合作，包括政治合作、基础设施建设合作等。

2005 年 7 月，南方共同市场 4 个成员国获得了安第斯集团联系国地位。2006 年委内瑞拉要求退出安第斯共同体，并且表示了加入南方共同市场的意愿，安第斯共同体表示支持，认为此举有利于推动南美洲地区共同体的实现。

南方共同市场和安第斯共同体之间的政治对话最后停留在 2010 年，在当年召开的安第斯共同体外交部长会议上，南方共同市场 4 个成员国（阿根廷、巴西、乌拉圭和巴拉圭）作为联系国受邀参加。[①] 2011 年，委内瑞拉正式退出安第斯共同体。

二 太平洋联盟

太平洋联盟（Alianza del Pacífico）是拉美地区新建立的经济一体化组织，于 2011 年 4 月成立，总部设在秘鲁，成员国包括拉美地区 4 个经济最为开放的经济体——智利、秘鲁、墨西哥、哥伦比亚。太平洋联盟奉行"自由贸易"路线，以促进联盟内货物、服务、资本和人员自由流动为宗旨，在 2016 年实现了成员国间 92% 的货物和服务贸易零关税。此外，太平洋联盟强调与亚洲国家的交流与合作，为其对外贸易和投资领域注入了源源不断的新活力。

2016 年 6 月，阿根廷率先向太平洋联盟递交申请，希望成为观察员国，且首次参加了该组织的峰会，这意味着南方共同市场与太平洋联盟的

---

① La Comunidad Andina, http：//www. comunidadandina. org/Seccion. aspx？id = 111&tipo = TE&title = mercosur，访问日期：2019 年 9 月 23 日。

首次"亲密接触"。新上任的阿根廷总统毛里西奥·马克里（Mauricio Macri）一直致力于促成两大组织建立适当的对话与合作机制，并有意愿讨论两个区域一体化组织间签订自贸协定，他认为加强区域组织的合作对推动贸易自由化有重要意义。2016 年 7 月，阿根廷总统马克里在以观察员身份出席太平洋联盟峰会时表示，长期处于半休眠状态的南方共同市场应焕发活力并加强与太平洋联盟的合作。2017 年 2 月 6 日，阿根廷总统马克里致电墨西哥总统恩里克·培尼亚·涅托（Enrique Peña Nieto），探讨深化南方共同市场与墨西哥的合作。2017 年 2 月 12 日，阿根廷总统马克里对智利进行国事访问，与智利总统巴切莱特签署了《查卡布科宣言》（Chacabko Declaration），倡议促成南方共同市场与太平洋联盟成员国外长会议，推动拉丁美洲一体化发展。

2017 年 4 月 7 日，南方共同市场与太平洋联盟成员国外长联席会议在阿根廷首都布宜诺斯艾利斯召开。会议的目的是推动拉丁美洲地区，特别是这两个组织之间的一体化进程。南方共同市场轮值主席国、阿根廷外交部长苏珊娜·马尔科拉（Susana Malcorra）和太平洋联盟轮值主席国、智利外交部长埃拉尔多·穆尼奥斯（Heraldo Munoz）表示，会议的目的不是要取代南美洲国家联盟，也不是要将两个组织合并，而是要制定一个路线图，创造更多的贸易机会，开辟自由市场，取消关税，促进自由贸易并扩大区域内贸易规模。

2017 年 7 月 19 日，在阿根廷门多萨举行的南方共同市场峰会期间召开了"南方共同市场 – 太平洋联盟：促进一体化进程"研讨会。阿根廷外长豪尔赫·福列在讲话中指出："只有统一战线、协作行动，我们才能在世界舞台上占据一席之地。历史向我们证明：单打独斗没有出路，只有和周边国家合作才能取得发展。"福列强调，从南方共同市场创立之初，我们就知道一体化对经济发展是有利的，但是我们现在意识到，仅仅在一个局限的范围内的一体化是远远不够的，应该更有创造性地把更多的区域联合起来。在相关国家领导人的积极倡导下，南方共同市场和太平洋联盟之间的对话发展到了新的阶段。各方应该尽一切可能促进政治、经济、商业和民主的一体化进程，两个集团的成员国更有义务为加快一体化进程提供动力，因为更高程度的一体化意味着人民更好的生活和更多的工作机会。他还强调，近年来，南方共同市场和太平洋联盟在多方面展开合作，包括贸易便利化、海关合作、中小企业合作等。阿根廷近年来加大对外出口，吸引外国投资，创造就业机会，而南方共同市场就是这一切的"基石"。①

2018 年 4 月，智利总统皮涅拉访问巴西，双方同意开展自由贸易协定谈判。6 月 6~8 日，巴西 - 智利自由贸易协定首轮谈判结束。8 月 7~10 日，双方进行了第二轮谈判。9 月 11~13 日，巴西 - 智利自由贸易协定谈判第三回合在巴西利亚结束，双方经过 3 天的密集谈判，取得实质性进展。竞争政策、微型及中小型企业、管制措施、区域和全球价值链、电信等议题完成谈判。2018 年 10 月 18 日，经过 4 回合谈判，巴西 - 智利自由贸易协定完成实质性谈判。在全球多边贸易体系出现危机、多哈回合谈判陷入僵局的大背景下，美国退出跨太平洋伙伴关系协议，重谈北美自由贸易协定，意在重新掌握全球贸易规则制定权。在拉丁美洲，地区一体化也出现一些新变化。巴西和智利之间的自由贸易协定颇为亮眼。智利作为南方共同市场的联系国和太平洋联盟的成员国，与巴西之间的自由贸易协定谈判在整个拉丁美洲产生了不小的影响。巴西是智利在拉丁美洲的第一大贸易伙伴，也是智利对外投资的主要市场，占智利对外投资总额的 1/3。

巴西 - 智利自由贸易协定谈判不包括关税减让，主要讨论国际贸易新议题，意在补充 1996 年 10 月 1 日生效的智利与南方共同市场第 35 号经济互补协定。新议题包括电子商务和便利化、中小企业、劳工、商务人士短期入境、经济商业合作、环境、贸易与性别平等。此外，为使自由贸易协定更加完整，两国将 2016 年签署的投资及金融服务协定以及 2018 年 4 月签署的政府采购协定纳入其中。巴西 - 智利自由贸易协定正式签署后，将是巴西首次签署承诺电子商务、规范措施、透明化及反腐败、贸易与环贸易与劳工等议题的双边贸易协定。双方自由贸易协定正式签署，标志着

---

① 《"南方共同市场"与"太平洋联盟"展开对话，促进区域一体化》，东方网，http://news.eastday.com/w/20170720/u1ai10731077.html，访问日期：2019 年 4 月 1 日。

南方共同市场和太平洋联盟的又一次"亲密接触",此前,阿根廷已经表示了希望与太平洋联盟进行更多经贸联系的意愿,并进行了实践。拉丁美洲最大的两个地区组织之间开展更高级别的贸易对话,将为碎片化的拉美一体化形势注入新的活力。

目前,南方共同市场采取单独与太平洋联盟成员国签订合作协议的方式推进合作。除同智利签署外,墨西哥、秘鲁和哥伦比亚均与南方共同市场达成了整体合作机制。南方共同市场同哥伦比亚的自由贸易协定于 2017 年 7 月 21 日签署,截至 2018 年底尚未正式运行。该协定包括 31 章,50 条以及 9 项附录。南方共同市场同墨西哥于 2002 年 7 月 5 日签署了合作框架协议（ACE N°54）,2006 年 1 月 5 日正式运行。该协议包括 8 项条款,主要目的是促进自由贸易和强化经济合作。南方共同市场还同墨西哥于 2002 年 9 月 27 日签署了有关汽车贸易的《特惠贸易协定》（Preferential Trade Agreements）,但至今仍未实行。2005 年 11 月 30 日,南方共同市场同秘鲁签署了自由贸易协定,包括 30 章和 10 项附录。但是,至今仍未实行。

三　南美洲国家联盟

南方共同市场在建立南美洲国家联盟,推动南美洲地区一体化进程中的作用不可忽视。两个主要成员国巴西和阿根廷一直是南美地区一体化的主要倡导者和推动者。2000 年 8 月,巴西在首届南美洲国家首脑会议上提出了建立"南美洲国家共同体"和"南美自由贸易区"的倡议。2004 年 12 月 8 日,第 3 届南美洲国家首脑会议通过了《库斯科声明》,南方共同市场将与安第斯共同体以及智利、圭亚那和苏里南三国成立南美洲国家共同体,成为全球仅次于北美自由贸易区和欧盟的第三大自由贸易区,并希望将其建成为政治统一、基础设施一体化和完全自由贸易的综合组织。① 南美洲国家共同体主张南美国家作为一个整体同美国进行美洲自

---

① "Cusco Declaration on the South American Community of Nations Third South American Presidential Summit," Comunidad Andina, http：//www. comunidadandina. org/ingles/documaitos/documients/cusco8 - 12 - 04. htnil,访问日期：2019 年 4 月 1 日。

由贸易区的谈判。南美洲国家共同体 12 个成员国一致认为，拉丁美洲国家只有团结联合起来，实现本地区一体化，才能应对全球化的挑战。2007 年 4 月 16 日，南美洲国家共同体改名为南美洲国家联盟，联盟总部和秘书处设在厄瓜多尔首都基多。南美洲国家联盟的专门机构包括一个由国家元首和政府首脑组成的委员会、外长委员会、代表委员会和秘书处。国家元首和政府首脑委员会为最高机构，每年举行一次例会，必要时可召开特别会议。外长委员会每半年召开一次例会，负责筹备首脑会议并执行其决议，协调南美洲一体化等重要问题的立场。代表委员会每两个月召开一次例会，负责筹备外长会议并执行首脑会议和外长会议的决议。

2008 年 2 月 22 日，时任巴西总统卢拉访问阿根廷，两国领导人达成了"深化南方共同市场，建设南美洲国家联盟"的重要共识。2008 年 5 月 23 日，南美洲 12 个国家的元首在巴西首都签署《南美洲国家联盟条约》，宣告南美洲国家联盟正式成立。南美洲国家联盟的建立是南美一体化发展中的重要里程碑，成员国将会强化经济、金融、社会发展和文化交流的整合。巴西总统卢拉表示，《南美洲国家联盟宪章》的签署标志着南美洲一体化进程取得了一个里程碑式的胜利，也标志着南美国家从此将以一个共同的身份出现在国际舞台上。自 2017 年开始，南美洲国家联盟秘书长一职处于空缺状态，联盟活动开展困难。2018 年 4 月，巴西、阿根廷、智利、哥伦比亚、巴拉圭和秘鲁 6 国政府决定暂停参与南美洲国家联盟的活动，原因是该机制内部长期以来存在危机，而这一状况至今没有改变。该联盟名存实亡。2019 年 3 月 13 日，总统莱宁·莫雷诺（Lenin Moreno）宣布，由于南美洲国家联盟已不具备推进地区一体化进程的能力，厄瓜多尔正式退出南美洲国家联盟。

尽管南美洲国家联盟走到了尽头，但巴西和阿根廷等国另辟蹊径，继续推动地区一体化的发展。2019 年 3 月 22 日，巴西、阿根廷、智利、哥伦比亚、厄瓜多尔、圭亚那、巴拉圭和秘鲁 8 国签署声明，宣布创立南美进步论坛（Prosul），以取代南美洲国家联盟。新论坛的结构轻巧灵活，运行规则清楚，决策机制迅速。

四　拉美其他国家和地区组织

除南美洲大陆外，南方共同市场还积极发展与中美洲和加勒比地区的一体化。2001 年，加勒比共同体宣布开始与南方共同市场就建立自由贸易区进行磋商。南方共同市场与古巴的贸易一直处于顺差地位。南方共同市场向古巴的出口商品主要包括不同程度加工的食品，如小麦、玉米、大豆、肉类、油、面粉、咖啡等，从古巴进口的主要为药品。南方共同市场与中美洲一体化体系（SICA）[①] 的联系开始于 2004 年 10 月。2008 年，双方起草了开展经贸合作的协议。但是，由于南方共同市场与中美洲一体化体系在发展程度上的不对称，在建立自贸区方面的合作缓慢，而更多的合作集中于单纯的政治和经济合作。

1998 年 4 月，在第 2 届美洲国家首脑会议期间，南方共同市场成员国与中美洲共同市场成员国签订了《贸易与投资框架协议》，旨在加强双方的一体化和贸易关系。其中制定的目标是：加强双方在贸易、投资、技术转让等领域的经济关系；共同确定增进双方贸易关系的步骤和行动；保持自由市场经济的运行，重视私人部门的创造力；加强和丰富双方的合作；建立投资促进和保护机制。2004 年 11 月，南方共同市场与中美洲一体化体系为深化双边经贸关系，在巴西里约热内卢举行外长会议。2005 年 2 月，两个集团发表联合声明，表示将为推动一体化进程而继续努力。

---

① 成员国包括伯利兹、哥斯达黎加、萨尔瓦多、危地马拉、洪都拉斯、尼加拉瓜、巴拿马等中美洲 7 国和地处加勒比海地区的多米尼加共和国。

第六章

南方共同市场与其他地区组织和国家的关系

南方共同市场积极发展同世界主要国家或集团的关系，已同中国、欧盟、东盟、日本、俄罗斯、韩国、澳大利亚、新西兰等建立了对话或合作机制。其中，南方共同市场同欧盟之间的谈判起步最早、进展最为波折，已获初步成果。

第一节　南方共同市场与欧盟的关系

南方共同市场成员国原本就和欧洲国家有着悠久的历史、文化和种族关系。因此，欧盟一直是南方共同市场最主要的贸易伙伴以及投资来源国。欧盟与南方共同市场于1999年启动自由贸易区谈判，目标是创建一个覆盖8亿名消费者的当时世界上最大的自由贸易区。2004年，双方因农业和工业品准入问题分歧巨大终止谈判。2012年谈判重启，因南方共同市场成员国无法协调立场而一度进展缓慢。南方共同市场与欧盟的自贸协定谈判是世界上发展中国家集团与发达国家集团自由贸易协定谈判进程的重要代表。2019年6月，双方自贸协定初步达成。

一　合作起源与背景

欧洲共同体开展的针对原殖民地和附属国的地区合作实践为后来欧洲与发展中国家构建南北型的多边主义模式奠定了基础。20世纪70年代，欧洲共同体推进的地区间合作范围进一步扩展到东盟、非洲、加勒比和太平洋国家。20世纪80年代，欧洲介入调停中美洲地区冲突，在解决中美洲危机的"圣何塞进程"① 中开始扮演全球领导者的角色。②1986年，西班牙和葡萄牙加入欧洲共同体。伴随着新成员的加入，欧洲形成了新的共识，即新加入的成员国应该将与其有历史联系的地区和国家纳入欧共同外交体系中。正是基于这样的背景，拉丁美洲地区成为欧洲地区间外交进程的重要组成部分。事实证明，在欧盟对发展中国家的地区间外交关系中，与拉丁美洲地区的互动机制和进程发展得最为广泛和成熟。③

冷战结束后，拉丁美洲在欧洲对外关系体系中的地位下降。1990年，美国总统布什发表"开创美洲事业倡议"，对外宣布美国以贸易、投资与债务为基础，与拉丁美洲国家建立一种新的伙伴关系。美国对西半球国家政策的重大调整直接推动了欧盟和拉丁美洲地区的合作进程。1991年南方共同市场成立后，欧洲委员会于1992年与南方共同市场签署了地区间合作协议，开始了地区间的制度合作。欧盟与南方共同市场的合作呈现阶段性的发展特点（见表6-1）。

欧盟和南方共同市场是各自相互的重要贸易伙伴。欧盟向南方共同市场成员国的出口占其向整个拉丁美洲地区出口总额的一半以上，从1990年到1997年以年均21%的速度增长。据欧盟委员会的资料，1998~2000年，南方共同市场国家接受的50%的外国投资来自欧盟，总额为830亿美元。1996年，南方共同市场与欧盟的贸易总额超过其与美国的贸易总额。当前，欧盟是南方共同市场最大的外资来源地，欧盟出口到南方共同市场的主要是工业制成品和服务产品。南方共同

---

① 即政治对话制度化。1984年，欧共体10国、西班牙和葡萄牙与中美洲5国、孔塔多拉集团4国在哥斯达黎加首都圣何塞举行了首次会议。1985年11月，上述21国外长在卢森堡举行会议，决定使政治对话制度化。

② 贺双荣：《欧盟与拉美的关系》，《拉丁美洲研究》2000年第4期。

③ Alan Hardacre and Michael Smith, "The European Union and the Contradictions of Complex Interregionalism," Francis Baert, Tiziana Scaramagli and Fredrik Söderbaum, *Intersecting Interregionalism Regions, Global Governance and the EU*, New York：Springer，2014，p. 94.

市场以出口初级产品和原材料为主，欧盟则是南方共同市场农产品的主要市场。

表 6-1 欧盟与南方共同市场合作进程

阶段	重要文件	主要议题
第一阶段：1992~1994	《制度间合作协议》(The Inter-institutional Cooperation Agreement)	培育和促进南方共同市场内部的制度建设
第二阶段：1994~1995	《地区间合作的框架协议》[The Inter-regional FrameworkCooperation Agreement (IFCA)]	地区间合作的法律化框架
第三阶段：1995~1999	IFCA 的批准/实施	IFCA 的批准
第四阶段：1999~2001	双边谈判委员会[The Biregional Negotiations Committee(BNC)]成立	关税谈判
第五阶段：2001~2004	《南方共同市场地区战略报告》[MERCOSUR, Regional Strategy Paper (RSP)(2002-2006)]	关税谈判和附属协议谈判；政治对话
第六阶段：2004~2010	《南方共同市场地区战略报告》[MERCOSUR, Regional Strategy Paper (RSP)(2007-2013)]	贸易谈判终止
第七阶段：2010 至今	2010 年欧洲理事会文件[EU Council Doc. (9870/10)] 2013 年部长级会议(Joint Communiqué)	重启贸易谈判 地区间联系协议的谈判

资料来源：王翠文：《地区间主义视角下欧盟与南方共同市场的合作》，《南开学报》（哲学社会科学版）2016 年第 6 期。

二 谈判迅速发展

20 世纪 90 年代是南方共同市场和欧盟关系迅速发展的黄金时期。彼时，欧盟是经济一体化成功的典范，具有重要的国际影响力。欧盟成员国通过制度化的合作进程显著提升了地区间经贸往来。除了农产品和一些敏感行业与产业实行进口配额外，1990~1998 年，欧盟对拉丁美洲其他地区的出口年均增长率为 12.5%，而对南方共同市场的出口年增长率则达到了 19.7% 。同期，欧洲出口的年增长率仅为 7.7% ，欧盟对南方共同市场的出口是欧盟出口增速的 3 倍。①

1992 年 5 月 29 日，南方共同市场 4 国外长在葡萄牙吉马良斯与欧洲共同体达成关于技术援助和制度支持的协议，借鉴和吸收欧洲共同体一体化进程中积累的提高部门竞争力的经验。1994 年，以法国外长访问墨西哥为标志，欧盟与拉美地区的关系整体发生转变，拉美在欧盟对外战略中的重要性得到提升。与此同时，西班牙提出与南方共同市场签订新的协定。1994 年 10 月，欧盟委员会首次提出组建"欧盟－南方共同市场地区联盟"的倡议。1994 年 12 月的欧盟首脑会议，通过了欧盟委员会与南方共同市场就形成地方框架协议进行谈判的议题。1995 年 8 月，南方共同市场 4 个初始成员国在第 8 次南方共同市场首脑会议上，确立了与欧盟建立自由贸易关系的准则。

1995 年 12 月 15 日，南方共同市场成员国与欧盟国家的元首在西班牙首都马德里签署《欧盟－南方共同市场地区间合作框架协议》，决定在 2005 年建成跨洲自由贸易区，目标是加强两个地区在国际上的作用和协同性。这是目前两个关税同盟之间签署的第一个地区间合作协议，被认为是拉丁美洲国家参与国际经济集团化进程，加强南北合作的一个重要标志。按照这一协议，欧盟和南方共同市场成员国巴西、阿根廷、乌拉圭和巴拉圭 4 国将以"政治、经济和贸易均衡"为基础，用 3 年时间就减少关税问题进行具体谈判，然后用 8 年时间作为逐步减免关税的过渡阶段，逐步实现两大地区之间的工业和服务贸易自由化，最终在 2008 年建立一个范围广阔的洲际自由贸易区。这是世界上首个洲际自由贸易集团，意味着两地区在进行直接政治对话的同时，进一步在商业和经济合作上进行谈判，特别强调与地区一体化有关的合作，以及诸如环境、反对毒品和新技术发展等广泛政策议题上的合作。这个框架协议也被作为两个地区之间首次具有经济特征的政治联合。② 同时，南方共

---

① Riordan Roett, *Mercosur*: *Regional Integration*, *World Markets*, Boulder: Lynne Rienner Publishers, 1999, p. 99.

② Andy Klom, "Mercosur and Brazil: A European Perspective," *International Affairs*, Vol. 79, No. 2, 2003, p. 357.

同市场还与欧盟达成了"地区间框架"协议,旨在 2005 年之前建立范围广泛的跨大西洋自由贸易区。这标志着南方共同市场与欧盟之间的关系进入了一个新的发展阶段。

从 1996 年起,南方共同市场和欧盟在合作框架协议的指导下,定期开展政治对话。[①] 这是欧盟在欧洲之外的第一个涉及贸易合作的协定,为双方未来的经济和商业合作以及政治对话建立了基础。1996 年 11 月 5~6 日,南方共同市场和欧盟在巴西的贝洛奥里藏特举行会议,成立了欧盟 – 南方共同市场贸易委员会,同时决定成立 3 个工作小组,具体负责产品市场和服务市场的准入、贸易标准和分类问题,以及处理涉及南方共同市场与欧盟之间经贸关系的敏感问题。1997 年底,南方共同市场和欧盟举行部长级会议,审议货物种类、服务贸易及贸易规则等问题。双方确定下一阶段的主要目标是加强政治磋商,密切官方和企业家之间的关系,于 1998 年下半年或 1999 年上半年启动两大集团自由贸易谈判。1998 年 5 月 14 日,欧盟 – 南方共同市场贸易委员会在比利时布鲁塞尔召开会议,为制订共同文件做准备。1998 年 7 月 22 日,欧盟委员会决定启动与南方共同市场 4 个成员国和智利建立自由贸易区的谈判。1999 年 6 月 28~29 日,首届欧盟 – 拉丁美洲国家首脑会议在巴西里约热内卢召开。欧盟 15 国与 32 个拉丁美洲国家的首脑参加会议。此次会议通过了《里约热内卢声明》和《优先行动计划》两个重要文件,确立了欧盟与拉美未来关系的框架。此次会议重申了 1995 年南方共同市场与欧盟签署的地区框架协议中的各项承诺,根据世贸组织的普遍原则,就逐步开放市场进行谈判。会议还表示将在包括欧盟 15 国和南方共同市场的阿根廷、巴西、巴拉圭、乌拉圭以及智利共计 20 个国家中先实行自由贸易,为建立未来的"欧盟 – 拉丁美洲自由贸易区"打下了基础。

1999 年底,南方共同市场与欧盟就贸易自由化再次举行谈判。在 2000 年 11 月的谈判中,南方共同市场同意从 2001 年 7 月开始逐步降低关

---

① Roberto Dromi and Carlos Molina del Pozo, *Acuerdo Mercosur Unión Europea*, Madrid: Ediciones Ciudad Argentina, 1996.

税。随后在 2001 年南方共同市场与欧盟的谈判中，关税削减和产品以及服务的市场准入问题成为谈判主题。2002 年 9 月，欧盟发布《南方共同市场地区战略报告》，决定为南方共同市场完成地区内部市场建设、机构建制和公民社会提供支持和援助，标志着欧盟与南方共同市场合作关系得到实质性深化。①

在商业利益驱动下，南方共同市场 – 欧盟商务论坛（Mercosur-EU Business Forum）于 1998 年建立，旨在推动两大地区间的贸易联系。该论坛由南方共同市场和欧盟两大地区著名的跨国公司或财团的总裁组成，他们对各自政府的决策具有相当重要的影响力。参加论坛的欧盟跨国公司主要包括：大众、菲亚特、标致等国际著名汽车制造业公司；银行业的西班牙桑坦德银行和葡萄牙投资银行；通信业的法国电话通信公司等。南方共同市场方面的情形也相差无几，参加论坛的大多是南方共同市场成员国的大公司，如阿根廷的马笼头公司、巴西的石化公司、乌拉圭的造纸公司等。它们在推动南方共同市场和欧盟合作方面发挥了极为重要的作用，被认为是影响政治进程以促成南方共同市场与欧盟跨地区经济合作的重要因素。②在每年一度的论坛上，两大地区成员国的政府高官以及地区组织的高级官员与会，听取商业巨头们的意见和要求，欧盟委员会一直是该论坛的有力支持者。由于欧盟的跨国公司与南方共同市场的大财团在很大程度上保持利益上的一致性，因此它们能够在其他人看来有争议性的议题上较容易达成一致。1999 年 2 月，欧盟 – 南方共同市场第一届商务论坛在巴西里约热内卢举行。在此之前，欧盟和南方共同市场都希望在一些领域取得突破。具体体现在两个层面上：一是包括元首、部长以及技术部门代表在内的政治对话，同时希望建立欧洲议会与南方共同市场联合议会委员会之间的对话；二是建立合作理事会（Cooperation Council）以及其他附属委员会，分项进行具体合作磋商。

---

① Andy Klom, "Mercosur and Brazil: A European Perspective," *International Affairs*, Vol. 79, No. 2, 2003, pp. 361 – 362.

② Claudia Torrelli, "Mercosur for Sale?" Corporate Europa, http://www.corporateeuropa.org/eumercosur/MercosurForSale.html, 访问日期：2018 年 4 月 4 日。

1999 年 6 月，欧盟 15 国、南方共同市场 4 国、智利在巴西里约热内卢举行的第一次欧盟与拉丁美洲和加勒比地区首脑会议期间发表联合公报，宣布当年 11 月就建立自由贸易区谈判的原则、方式以及非关税问题开展正式磋商，并于 2001 年 7 月 1 日启动关税和敏感商品的谈判，希望在 2005 年之前实现贸易自由化。在这次首脑峰会上，为建立双边互惠的包括所有行业在内的自由贸易区，双方成立了跨地区谈判委员会，并在该委员会下设若干分委会，另设 3 个小组和 3 个技术工作组，以解决贸易方面的有关事宜，并从此正式拉开了跨区域联盟谈判的序幕。自 1999 年南方共同市场 – 欧盟开始首轮谈判直到 2004 年底，双方共举行了 16 轮谈判，在政治、经济贸易与投资等方面取得了广泛共识，为南方共同市场 – 欧盟经济联盟和战略伙伴关系的建立与发展奠定了基础。

南方共同市场和欧盟之间的一体化谈判还涉及金融援助，无论是欧盟还是其成员国均向南方共同市场成员国提供了援助。其中，1996 年南方共同市场成员国所收援助的 67.2% 来自欧盟，30.7% 来自日本。德国、意大利和西班牙是最主要的援助来源国。欧盟委员会 1990～1997 年向南方共同市场及其成员国提供了 4.88 亿 ECUs①。2000 年 3 月，欧盟与南方共同市场建立了竞争政策协调小组，其工作重心就是寻求一种能为双方所接受的竞争政策协调方式。

三　谈判陷入困境

在 1996 年 6 月召开的首届拉丁美洲与欧盟国家首脑会议上，南方共同市场与欧盟计划于 2004 年 10 月 31 日之前完成有关建立自由贸易区的谈判，2005 年 1 月建成跨大西洋自由贸易区。自 2000 年 4 月起，南方共同市场和欧盟进行了多轮谈判，虽然取得了一些进展，但仍未就关键问题达成协议。欧盟在农产品补贴、南方共同市场在服务业和制造业价格方面

---

① ECUs 是原欧洲货币单位，根据欧盟中不同货币的合成值而定的前货币单位，并用做欧洲货币系统中的储备资产和记账单位，1999 年被欧元取代。

均不肯做出让步。2004 年 7 月 19～23 日在布鲁塞尔举行的第 15 轮谈判中，南方共同市场代表因为欧盟在农产品准入问题上立场丝毫没有让步而选择终止谈判。时任巴西外贸委员会执行秘书穆格纳表示，南方共同市场对于欧盟提出的农产品配额低且分成 10 年管理的建议是不能接受的。2005 年底，由于世界贸易组织多哈回合谈判陷入僵局，南方共同市场与欧盟的自由贸易协定谈判也随之搁置。

南方共同市场和欧盟的谈判在 21 世纪的前五年中尽管并不顺利，但是仍取得了一定的成绩。2000 年 12 月，南方共同市场与欧盟签署了加强贸易和投资合作的协议。2001 年 7 月 1 日，双方启动关税和敏感商品的谈判。2002 年 5 月，在第二届拉丁美洲与欧盟国家首脑会议上，南方共同市场与欧盟决定于 7 月开始新一轮自由贸易谈判，至 2002 年 11 月，南方共同市场与欧盟共进行了 8 轮贸易谈判，并取得了重大进展。2002 年 9 月，欧盟委员会出台了《南方共同市场地区战略文件》，计划向南方共同市场国家提供总计 4800 万欧元的援助，完善南方共同市场内部市场、加强机构建设和支持市民社会。2004 年因在农产品和工业产品市场准入问题上分歧严重，南方共同市场与欧盟中止自由贸易协定谈判。当时，南方共同市场要求欧盟放弃对农产品的补贴，但是以法国为代表的 10 个欧盟国家因担心本国农产品受到拉美国家冲击，不愿做出让步；相反，欧盟要求巴西减少对工业品和服务贸易的限制。双方冲突最终导致自由贸易协定谈判中断。2004～2010 年，欧盟和南方共同市场之间的合作进程陷入停滞。

农产品、汽车工业、政府采购是两大集团谈判的主要障碍。南方共同市场国家希望向欧盟出口更多的农副产品，比如牛奶、牛肉、蔗糖、谷物，欧盟则希望能更多地打入南方共同市场的汽车市场并在公平基础上参与政府采购领域的竞争。但是，法国和爱尔兰等国担心从南方共同市场进口过多农产品将导致本国农民利益受损和失业率升高。

南方共同市场与欧盟的谈判陷入困境的原因主要有以下三个方面。第一，贸易保护主义是双方合作面临的主要瓶颈。早在 1999 年的里约会议上，时任巴西总统费尔南多·恩里克·卡多佐（Fernando Henrigue

Cardoso）就曾呼吁欧盟修改"不平衡的农业进口关税",[①] 阿根廷、乌拉圭和巴拉圭也都明确表示，希望欧盟在和南方共同市场谈判前先承诺降低农产品补贴。但是在 2001 年，当欧盟启动和南方共同市场在关税、服务和农业领域的谈判时，欧盟始终坚持农产品问题应该在 WTO 框架的基础上解决，从而制约了谈判的进程。南方共同市场不满足于欧盟只在关税减让问题上做文章，而是要求欧盟取消农业补贴，开放农产品市场。南方共同市场提出这一要求是基于其成员国大都是以农产品出口为主的国家，取消欧盟在肉、糖等农产品上的保护对南方共同市场成员国来说意义非同一般。但是欧盟各成员国的农业部长对此表示坚决反对。其中，法国和爱尔兰的反应最为强烈，坚持削减农产品关税的谈判时间必须往后拖延。同时，欧盟出于自身利益考虑希望南方共同市场完全开放工业品市场，并进一步开放政府采购、服务业和投资领域。经济发达、技术先进的欧盟，显然在工业制成品上有着很大的优势，但南方共同市场成员国作为发展中国家，如果开放这些市场，势必对本国脆弱的民族工业带来冲击，所以南方共同市场对欧盟的要求难以接受。

第二，欧盟和南方共同市场及其他拉丁美洲国家越走越近令美国深感不安。20 世纪 90 年代后，欧盟加大了对拉丁美洲的投资，1998 年欧盟超过美国，成为南方共同市场最大的投资来源地。美国开始着力改善同南方共同市场大国的关系。例如，美国支持巴西争取联合国安理会常任理事国席位；宣布给予阿根廷"非北约军事盟友"待遇；2001 年阿根廷爆发经济危机后，布什政府又提出与阿根廷签订双边贸易协定，而阿根廷当时宣布增加消费品的贸易壁垒，同时取消来自非成员国资本货物的壁垒，这无异于打破南方共同市场自 1995 年建立起来的尚不完善的关税同盟，导致南方共同市场成员国之间的关系非常紧张。

第三，来自南方共同市场内部反对贸易自由化力量的挑战。在南方共同市场和欧盟合作问题上，南方共同市场内部不少社会团体和机构持激进

---

① "Mercosur Slams EU Protectionism," Express India, http：//www. expressindia. com，访问日期：2018 年 7 月 4 日。

的反对态度，包括巴西的社会运动协调会、小农运动，乌拉圭的主权与反对美洲自由贸易区运动以及巴拉圭民众协商会等。这些代表社会中下层人民利益的公民社会组织曾在美国和拉丁美洲国家就美洲自由贸易区谈判问题上反应强烈，认为南方共同市场和欧盟结成自由贸易联盟与美国在西半球推行以美国为主导的美洲自由贸易区有着异曲同工之处，强调"南方共同市场仓促地和欧盟进行自由贸易谈判对本地区十分有害"，会危害各成员国的主权，影响区域一体化可持续发展的前景。他们列举了大量事实说明南方共同市场和欧盟实行贸易自由化，将会给绝大部分南方共同市场成员国的小农经济带来灾难性的后果，强调市场开放是一种双向的行为，虽然南方共同市场成员国在农产品方面具有比较优势，但并不意味着南方共同市场的所有农产品都具有这一优势，比如在牛奶、乳酪和巧克力等方面南方共同市场就不具备优势。因此他们担心市场准入的大门一旦打开，欧洲大量的同类产品将蜂拥而入，损害南方共同市场成员国小农的利益。为此，他们强烈呼吁南方共同市场立即停止谈判，并要求在谈判之前进行广泛的调研和协商，评估贸易自由化所带来的社会、经济和环保方面的负面影响，并发起反对南方共同市场和欧盟建立自由贸易区的示威游行，向政府施压。然而，上述代表小农或社会中下层人民利益的社会团体和机构事实上并未强大到足以左右南方共同市场政策的程度，而且以欧洲移民后裔为主的南方共同市场成员国与欧洲毕竟在很大程度上有着同根同族的联系，其反贸易自由化的主张意在争取保护自身的经济利益不受损失，而不是要对欧盟和南方共同市场的合作关系进行颠覆性的破坏。

目前，南方共同市场同欧盟自由贸易协定谈判的主要分歧存在于11个领域：一是农产品，欧盟分10年分配给南方共同市场的农产品配额总量低于南方共同市场原来的预期；二是糖，在自由贸易协定生效之前，欧盟没有将糖包括在享受配额的农产品范围之内；三是汽车，在南方共同市场内部没有就此达成共识，而缺少此项也很难与欧盟达成应包括关税条款这一基本要求的最终协定；四是银行业，欧盟希望南方共同市场最大限度地开放金融市场，但明确表示不准备对南方共同市场开放此领域；五是电信行业，欧盟要求南方共同市场开放电信业务中的跨境服务；六是海上运输，欧盟坚持南方共同市场海上运输应包括沿海航运，巴西认为这将威胁到本国相关企业的生存；七是工业产品，欧盟要求南方共同市场缩短工业产品关税减让的时间表，尤其是化工产品和药品；八是原产地规则，欧盟要求南方共同市场细化原产地规则，即允许南方共同市场某一国家的商品可以自由进入南方共同市场其他国家；九是政府采购，欧盟提出在政府采购的公共招标中优先考虑欧盟企业的利益，巴西对此表示接受，但前提条件是欧盟要满足在农产品领域对南方共同市场的出价条件；十是版权问题，欧盟要求最大限度的版权保护，并签订一旦侵权情况下的惩罚协议，南方共同市场因清楚自己缺乏打击盗版的能力而不愿接受；十一是葡萄酒，欧盟要求南方共同市场遵循国际法规对知名葡萄酒和蒸馏饮料进行更严格的产权保护。①

四　重启谈判及协议初步达成

全球金融危机给欧盟与南方共同市场创造了重启自由贸易协定谈判的契机。事实上，2007 年 12 月，欧盟公布了 2007 ~ 2013 年《南方共同市场地区战略文件》，指出将向南方共同市场成员国提供 5000 万欧元的无偿援助。这笔资金除用于加强南方共同市场机构建设外，还将用于技术标准的制定、环境保护、教育发展等项目。2009 年 12 月，在乌拉圭首都蒙得维的亚举行的南方共同市场第 38 次首脑会议上，巴西和阿根廷均表达了在 2010 年与欧盟重启自由贸易谈判的愿望。欧盟与南方共同市场于 2009 年 12 月签署了一项合作协议，用以支持南美洲地区的可持续发展，双方的出资额分别是 1800 万美元和 900 万美元。2009 年金融危机后，欧盟与南方共同市场成员国均希望借助地区间合作共同应对金融危机的挑战。

2010 年 5 月，双方宣布重启自由贸易协定谈判。南方共同市场国家除阿根廷外，在谈判意愿方面态度较为一致，希望先于美国和欧盟正在进行的跨大西洋贸易与投资伙伴关系协定之前完成双方的自由贸易协定谈

---

① 《南方共同市场同欧盟自由贸易协定谈判中的主要分歧》，转引自左品《南方共同市场经济一体化研究》，博士学位论文，南京大学，2011，第 120 ~ 121 页。

判，以便在关税优惠问题上获得优先权。① 阿根廷则希望扶持国内生产企业，采取了不少贸易保护措施。2013 年 1 月，双方在首届欧盟－拉丁美洲和加勒比国家共同体峰会期间就自由贸易协定谈判举行部长级会议，决定于 2013 年第四季度前提交各自谈判条件。同年 12 月，应欧盟请求，双方推迟谈判进程。2013 年 8 月，巴西曾争取单独与欧盟委员会达成自由贸易协定。2014 年，阿根廷在国内经济不景气和其他谈判国的压力下对欧盟与南方共同市场合作的态度发生了转变。2014 年 4 月，阿根廷内阁首席部长豪尔赫·卡皮塔尼奇表示，南方共同市场与欧盟自由贸易协定谈判取得重大进展，南方共同市场国家对加入自由贸易协定的商品清单已初步达成共识。由于进入协定清单的商品占巴西市场 70% 的比重，因此南方共同市场 5 国的谈判由巴西主导。清单由阿根廷、巴西、乌拉圭和巴拉圭制定，委内瑞拉不参加谈判。巴西发展、工业和外贸部发言人会后表示，进入这一清单的商品，占南方共同市场各国关税税目的 87%，这意味着完成 90% 的预定目标是非常现实的。据悉，清单中包括牛肉、水果、蔬菜、小麦、牛奶、葡萄酒、汽车和电器等商品，但纺织品和 IT 产品被排除在外。② 2014 年 7 月，南方共同市场第 46 次首脑会议共同声明中表示，南方共同市场方面已形成与欧盟谈判的共同立场，愿与欧盟早日完成条件交换。2015 年 7 月，南方共同市场第 48 次首脑会议决定加快推进与欧盟自由贸易协定谈判，于当年第四季度与欧方互换减免关税商品清单，力争早日达成共识。

2016 年 4 月 8 日，南方共同市场轮值国主席乌拉圭外长与欧盟经济委员会秘书长在布鲁塞尔举行会议，双方就 5 月完成双边自贸商品清单互换达成共识。巴西政府认为欧盟方面确定自贸商品清单和互换日期为双方开展进一步磋商开辟了道路。2016 年 5 月 12 日，南方共同市场与欧盟在

---

① 丁丹：《论欧盟与南方共同市场自由贸易协定谈判的影响因素》，载程晶主编《巴西及拉美历史与发展研究》，武汉大学出版社，2017，第 249 页。

② 《南方共同市场与欧盟自由贸易协定谈判获进展》，中华人民共和国驻阿根廷共和国大使馆经济商务参赞处，http://ar.mofcom.gov.cn/article/jmxw/201404/20140400550958.shtml，访问日期：2018 年 7 月 4 日。

布鲁塞尔举行会议，共同磋商互换自贸商品清单细节。由于法国等欧盟农业大国强烈反对，欧盟方面从自贸商品清单中剔除了牛肉和乙醇，这也是巴西方面最关心的两类产品。受此影响，巴西向欧盟出口牛肉的收入每年可能减少 7700 万美元。为兑现此前承诺，欧盟通过调高其他进口商品配额（将鸡肉进口配额调至每年 7.8 万吨等）、进一步降低关税及尽快开放市场等方式弥补。南方共同市场方面，将不再限制欧盟企业进入服务领域，包括服务投资领域。在政府采购领域，南方共同市场成员国可分别与欧盟谈判具体清单及种类。2016 年 9 月 18 日，阿根廷、巴西、巴拉圭和乌拉圭外长在纽约就南方共同市场对外贸易谈判问题举行会晤并发表声明。声明强调继续推动南方共同市场与欧盟结盟协议谈判的重要性，呼吁欧盟加大对谈判的投入，重申南方共同市场希望与欧盟尽早达成一个平衡、目标宏大和涵盖广泛的协议。声明称，双方下一轮谈判将于 2016 年 10 月 10 日至 14 日在布鲁塞尔举行。2017 年 3 月 2 日，巴西总统特梅尔任命社会民主党议员阿洛伊西奥·努内斯为新一任外交部长。新外长将恢复南方共同市场的活力视为首要工作，并希望加强南方共同市场与太平洋联盟的联系，尽快结束南方共同市场与欧盟之间的贸易协定谈判。3 月 9 日，努内斯就前往阿根廷与马克里总统及其他南方共同市场成员国外长会面，商讨如何推进南方共同市场与欧盟的贸易协定，各方都表现出对 2017 年内结束谈判的乐观和意愿。2017 年 3 月 20～24 日，欧盟－南方共同市场第 28 轮双边谈判在阿根廷举行。2017 年 6 月 8 日，在阿根廷进行国事访问的德国总理默克尔表示，德国将不遗余力地推进南方共同市场和欧盟之间的自由贸易协定谈判，德国和阿根廷都坚决维护自由贸易。[①] 2017 年 10 月 20 日在布鲁塞尔召开的记者招待会上，欧盟委员会主席容克表示将不遗余力推动欧盟于 2017 年底之前达成与南方共同市场的自由贸易协定。他还指出欧盟与巴西、阿根廷、巴拉圭和乌拉圭 4 国的谈判甚

---

① 倪瑞捷：《默克尔访问阿根廷或将推动欧盟与南方共同市场自贸协定谈判》，新浪网，http://finance.sina.com.cn/roll/2017－06－09/doc－ifyfzaaq5855035.shtml，访问日期：2018 年 4 月 1 日。

至比之前与日本、加拿大的自贸协定谈判更值得付出努力。在欧盟领导人峰会闭幕之际，法国总统马克龙呼吁与南方共同市场重新开启新一轮自由贸易协定谈判，旨在提高自贸协定的卫生标准。容克认为，鉴于国际形势的变化，尤其是美国总统特朗普奉行的孤立主义，欧盟应以更加客观的态度对待贸易协议。他表示，欧盟应高度重视南方共同市场对欧盟未来发展的重要性。就贸易总量而言，与南方共同市场的自贸协定将是与加拿大达成的自贸协定的 8 倍，是与日本达成的自贸协定的 4 倍。① 2017 年 11 月 6～10 日，欧盟和南方共同市场在巴西利亚进行的最新一轮自由贸易谈判取得实质性进展，双方期望在 2017 年底之前结束谈判。2019 年 6 月，欧盟和南方共同市场宣布达成自由贸易协定，在"开放、公平、可持续"的基础上，双方在自贸协定的传统关税减让内容之外还就政府采购、贸易便利化、卫生检验检疫以及知识产权等多领域达成共识。

欧盟与南方共同市场的制度合作是欧盟主导下的南北型的地区间主义。2016 年欧盟委员会发布了全面推进与南方共同市场自由贸易的潜在收益评估报告。南方共同市场是欧盟的第十大出口市场，是欧盟服务业的第八大出口市场。南方共同市场占欧盟全球服务贸易 20% 的市场份额。巴西是欧洲对外投资的第三大目标国。欧盟对南方共同市场的贸易政策涵盖农产品、工业制成品以及服务贸易在内的全面的贸易体系。欧盟是南方共同市场最大的贸易伙伴，如果欧盟与南方共同市场完成谈判，将建成世界上最大的自由贸易区，也是两个关税同盟集团之间的第一个贸易协定。当前，欧盟内部就谈判问题出现两大阵营，西班牙、葡萄牙、意大利和瑞典等国支持与南方共同市场签订自贸协定，而法国、爱尔兰和匈牙利等国持反对意见。三大因素左右未来谈判进程：一是德国和英国这两个重要国家对谈判的态度，二是欧盟出口南方共同市场的零关税产品覆盖范围能否从 87% 提高到 90% 以上，三是欧盟近期已与澳大利亚、新西兰等农业大

---

① "UE Diz Que 'fará tudo' para Fechar Acordo com Mercosul até Dezembro," Valor, http：//mobile. valor. com. br/brasil/5163262/ue - diz - que - % 3Ffara - tudo% 3F - para - fechar - acordo - com - mercosul - ate - dezembro，访问日期：2018 年 4 月 1 日。

国签署自贸协议，可能使欧盟一些农业国对签署新农业自贸协定产生抵触心理。

第二节　南方共同市场与北美自由贸易区及其成员国的关系

南方共同市场和北美自由贸易区都诞生于 20 世纪 90 年代，几乎同时建立。美国对于墨西哥 1994 年爆发金融危机之后的一系列救助措施为南方共同市场的团结贡献了积极的力量。危机过后，拉丁美洲国家加入北美自由贸易区的愿望破灭，南方共同市场成为拉丁美洲地区一体化发展的旗帜，而西半球一体化的前景变得更加黯淡。①自 20 世纪 90 年代美国总统乔治·布什提出建立西半球自由贸易区以来，北美洲和南美洲的一体化就一直是各方研究的焦点。美国的理想目标是以北美自由贸易区为基础，向南扩展，发展和加强与中南美洲各国的经济联合，从而实现南北美合一的美洲自由贸易圈。

1993 年 10 月，巴西在里约集团（Rio Group）会议上率先提出 10 年内创建南美洲自由贸易区的倡议。1994 年 12 月，中美洲国家、南方共同市场 4 国和安第斯集团 5 国参加了在迈阿密召开的美洲国家首脑会议，同意在 2005 年之前结束谈判，与北美自由贸易区一起组成美洲自由贸易区（Free Trade Area of Americas，FTAA）。1997 年 5 月，在巴西贝洛奥里藏特举行的 34 国经贸部长会议上，美国出于自身利益考虑，提出加速建立美洲自由贸易区，希望在 21 世纪之前建成世界上最大的自由贸易区，并希望从 1998 年起取消进口关税和贸易壁垒。以巴西为首的南方共同市场各个成员国表示坚决反对，认为一旦取消进口税，将对各国的工业发展产生毁灭性打击。同时，它们还认为美国应该率先取消其农业补贴、非关税壁垒和各种配额。1998 年，第二届美洲峰会在智利首都圣地亚哥举行，

---

① Jeffrey W. Cason, *The Political Economy of Integration：The Experience of Mercosur*, London：Routledge, 2011, p. 86.

以巴西为首的南方共同市场对美洲自由贸易区提出了质疑，为使自己在未来的美洲自由贸易区中占有利地位，主张拉丁美洲国家在实现一体化后再作为一个整体同美国讨论建立美洲自由贸易区。

自1994年以来，美国开始同拉丁美洲国家就建立美洲自由贸易区进行谈判。但以巴西为代表的南方共同市场国家坚持以集团方式加入美洲自由贸易区，显现出摆脱美国经济控制的趋势。南方共同市场内部达成两点共识：一是成员国不单独与其他集团谈判；二是不提前建立美洲自由贸易区。南方共同市场和美国之间的主要分歧集中在农产品的补贴政策方面。美国、巴西和阿根廷均为世界主要农产品出口国，巴西和阿根廷认为美国等发达国家的农产品补贴政策压低了世界范围内的农产品价格，削弱了巴西和阿根廷这样有竞争力的农业发展中大国的出口创汇能力，造成其经济的不稳定。因此，南方共同市场坚持谈判首先不能削弱其自身的农业生产能力。

对于南方共同市场中的巴西和阿根廷，美国采取分而击之的办法。阿根廷的离心倾向比较明显。2001年3月，阿根廷经济部长提出要撤出南方共同市场关税联盟，主张同美国单独进行自由贸易协定谈判。另一端，巴西在同美国的谈判中态度比较坚决，批评美国的贸易保护主义，抵制美国主导的美洲自由贸易区。2007年3月，时任巴西总统卢拉访问美国之际，提出了美国 – 南方共同市场自由贸易协定的建议，但巴西明确表示不会与美国签署双边的贸易协定，除非是与南方共同市场的谈判，美国对此并没有明确表态。

巴西左翼执政党——劳工党和阿根廷左翼执政党——正义党（胜利阵线）执政时期，两国同美国之间的亲密度下降，在同美国开展自由贸易谈判方面也未取得实质性进展。阿根廷基什内尔总统夫妇先后执政时期，带领国家逐渐摆脱了经济危机的阴影，主张拉美区域一体化和"去美国化"，联合拉美地区其他左翼政府与美国唱起了"对台戏"。2008年全球金融危机的爆发使美国自顾不暇，其"美洲自由贸易区"的构想以及与南方共同市场进一步联合的愿望停滞。美国国家安全局（NSA）的间谍丑闻于2013年曝光之后，巴西和美国的关系更是一度陷入僵局。2016

年 3 月，贝拉克·侯赛因·奥巴马（Barack Hussein Obama）成为近 20 年来首位访问阿根廷的美国总统，并表达出对阿根廷新政府的大力支持。奥巴马还把阿根廷定位为"新的亲密盟友"。2017 年唐纳德·特朗普（Donald Trump）就任美国总统后，重谈北美自由贸易区，并重新布局同拉美国家之间的关系。2019 年 7 月 30 日，特朗普表示，美国十分看重与巴西的关系，将寻求和巴西达成自由贸易协定。与此同时，美国商务部部长威尔伯·罗斯（Wilbur L. Ross，Jr.）访问巴西，成为 2011 年后首个访问巴西的美国商务部部长。7 月 31 日，巴西和美国启动自由贸易协定谈判，但暂时没有透露谈判具体涉及哪些领域。当前，巴西和美国每年双边贸易额约为 700 亿美元，美国主要向巴西出口小麦和动物饲料等农产品以及信息和电信服务，主要从巴西进口燃料、咖啡、肉类和钢铁等。① 当然，巴西与美国在农业等领域互为竞争对手这一事实并未发生改变，这可能令双方的谈判"旷日持久"。南方共同市场同欧盟初步达成自由贸易协定后，阿根廷总统马克里表示将同美国、加拿大开展贸易谈判。② 尽管巴西和阿根廷均表示将重启和美国甚至北美自由贸易区的自由贸易协定谈判，但是正如 2002~2005 年担任阿根廷国际经贸谈判负责人的菲利佩·弗莱德曼（Felipe Frydman）所指出的一样，南方共同市场和美国的自由贸易协定谈判恐"永远无法实现"。③

　　同美国相比，墨西哥同南方共同市场成员国之间的关系存在明显差异。首先，由于巴西和墨西哥的经济结构存在一定的竞争性，双方签署包括汽车、电信产品和通信系统在内的自由贸易协定将意味着均需要做出最

---

① 安晓萌：《巴西与美国启动贸易谈判 巴美农业上互为竞争对手》，新华网，http://www.xinhuanet.com/world/2019 - 08/02/c_ 1210225359.htm，访问日期：2019 年 9 月 20 日。

② 黄东：《同欧盟达成协议后 马克里计划同美中加等国也进行自由贸易谈判》，阿根廷华人网，https://www.argchina.com/html/show - 23325.html，访问日期：2019 年 9 月 20 日。

③ Felipe Frydman："MERCOSUR and the US：No Finishing Date," McKinney, J. A., & Gardner, H. S. (Eds.), *Economic Integration in the Americas*, New York：Routledge, 2003, pp. 95 - 104.

重要的市场准入让步，这使得两国国内均广泛存在反对自由贸易协定的声音。其次，随着墨西哥市场多样化战略的实行，其与拉丁美洲地区的经济、金融和政治联系不断增强，而南方共同市场国家，特别是巴西和阿根廷，对于墨西哥的重要性正日益增强，而"北扩"也将进一步加强南方共同市场在国际经济体系中的地位，符合巴西和阿根廷一直以来的意愿。

第三节　南方共同市场与中国的关系*

1996 年 11 月 18 日，钱其琛副总理兼外长致函南方共同市场理事会轮值主席国巴西外长兰普雷亚，提议建立中国－南方共同市场磋商或对话机制，得到了南方共同市场各个成员国的积极响应和支持。1997 年 10 月，由南方共同市场轮值主席国乌拉圭外交部埃斯皮诺萨大使率领的南方共同市场代表团访华，同中方举行首次对话，双方签署了首次对话纪要。代表团分别同外交部李肇星副部长和外经贸部孙振宇副部长，就双边政治和经贸关系以及共同关心的国际问题进行了会谈。1998 年 10 月 9 日，中国和南方共同市场在巴西利亚进行了第二次对话。时任中国外交部副部长杨洁篪和对外贸易经济合作部部长助理高虎城共同率团同由南方共同市场代理轮值主席、巴西大使雷纳多·马尔格斯率领的南方共同市场代表团进行了对话。双方一致强调，要进一步加强经济、贸易和企业之间的合作，并就促进技术合作问题进行了磋商。双方签署了第二次对话纪要，并举行了企业家座谈会。2000 年 10 月 18 日，南方共同市场轮值主席国、巴西副外长利马率领的南方共同市场代表团访华，在北京同中方举行第三次对话，双方就中国同南方共同市场政治和经贸关系以及重大国际问题交换了看法，表示愿意继续加强在国际经贸领域的合作。

2003 年 9 月，中国外交部副部长周文重率团赴乌拉圭，举行了中国

---

* 本节内容参见《中国同南方共同市场的关系》，中华人民共和国外交部，https://www.fmprc.gov.cn/web/wjb_ 673085/zzjg_ 673183/ldmzs_ 673663/dqzz_ 673667/nfgtsc_ 673711/gx_ 673715/，访问日期：2019 年 2 月 3 日。

与南方共同市场第四次对话，双方就进一步加强对话机制和开展务实合作交换了意见。中国提出愿意在企业交流、农牧、医疗卫生和人力资源等领域进行深入合作。南方共同市场提出拟于 2004 年在上海举办商展。2004年 6 月，周文重副外长与以南方共同市场轮值主席国、阿根廷副外长雷德拉多为团长的南方共同市场代表团在北京举行中国－南方共同市场第五次对话，双方回顾了自 1997 年建立对话关系以来中国和南方共同市场友好合作所取得的重要进展，一致认为双方已经完成的五次对话为增进相互了解和推动双方政治、经济等领域的合作不断深化发挥了积极作用；双方决定正式启动中国－南方共同市场对话联络小组，并初步就中国－南方共同市场自由贸易谈判交换看法，决定各自开始进行可行性研究。2005 年 12月，胡锦涛主席的特使、建设部部长汪光焘应邀出席南方共同市场第 29次首脑会议。2012 年 6 月，温家宝总理在访问阿根廷期间与南方共同市场轮值主席阿根廷总统克里斯蒂娜及巴西总统罗塞夫、乌拉圭总统穆希卡共同出席中国与南方共同市场国家领导人视频会议，就深化双方关系、加强经贸合作交换意见，达成广泛共识，并就发表《中华人民共和国与南方共同市场关于进一步加强经济、贸易合作联合声明》达成一致，见附录（四）。2012 年 6 月，南方共同市场第 43 届首脑会议正式发表上述联合声明，时任中国驻阿根廷大使殷恒民作为中国政府代表应邀与会。2012年 11 月，南方共同市场派代表团参加上海国际食品展并举办南方共同市场日活动。中国－南方共同市场经贸会议在上海举办，双方就落实联合声明等进行交流。

　　2015 年 9 月，外交部拉美司司长祝青桥应约会见南方共同市场高级总代表菲耶尔，双方就中国与南方共同市场对话和合作事宜交换看法。2016 年 12 月，中国政府拉美事务特别代表殷恒民在访问乌拉圭期间会见南方共同市场高级总代表菲耶尔，就中南合作进行交流。2017 年 8 月，最高人民检察院检察长曹建民出席金砖国家和南方共同市场国家总检察长会议联合研讨会，并代表金砖国家总检察长致辞。2018 年 10 月，外交部副部长秦刚赴乌拉圭举行中国－南方共同市场对话，中南双方就加强对话机制和进一步深化合作交换了意见。

据阿根廷《号角报》2018 年 6 月 28 日报道，阿根廷外长福列在 2018 年南方共同市场峰会期间接受采访时指出，南方共同市场应与中国开启自贸协定谈判对话。福列表示，在 2017 年阿根廷南方共同市场首脑会议上，乌拉圭总统塔瓦雷·巴斯克斯（Tabare Vazquez）曾表示，应该与中国加强合作。2018 年，中国的外贸规模进一步增大，南方共同市场应开始定义如何与中国加强合作。南方共同市场各国可基于已达成的"灵活性"共识，讨论与中国加强合作的可行性。阿根廷总统马克里也曾表示，中国是南方共同市场潜在的战略合作伙伴。2018 年南方共同市场轮值主席国乌拉圭外长鲁道夫·尼恩·诺沃亚（Rodolfo Nin Novoa）强调，作为轮值主席国，乌拉圭任期内的主要任务就是推动南方共同市场与中国达成经贸协议。鉴于中国目前已同智利、哥斯达黎加、新西兰等南方共同市场"直接竞争国"签署了自贸协定，南方共同市场与中国商签自贸协定将是一个"战略性决策"。[①]

第四节　南方共同市场与其他国家和
地区组织的关系

在美洲地区之外，南方共同市场还积极发展与世界各国和次区域一体化合作机制的关系。1998 年 7 月，南方共同市场成员国及其联系国首脑与南非总统曼德拉共同签署了关于扩大南方共同市场与南部非洲发展共同体（SADC）贸易的谅解备忘录。2004 年，南方共同市场与南部非洲关税同盟（SACU）签署贸易优惠协定，与摩洛哥签署贸易框架协议。2005 年，南方共同市场与海湾合作委员会（简称"海合会"）[②] 签署经济合作框架协议。2010 年 12 月，南方共同市场同古巴、印度、印尼、马来西

---

① 《阿根廷外长福列表示支持南方共同市场与中国开启自由贸易协定谈判》，中华人民共和国驻阿根廷共和国大使馆经济商务参赞处，http：//ar. mofcom. gov. cn/article/jmxw/201808/20180802 776456. shtml，访问日期：2019 年 4 月 1 日。
② 海合会成员有沙特阿拉伯、卡塔尔、巴林、科威特、阿曼和阿联酋。海合会是世界上第二大农产品进口地区。

亚、韩国、埃及、摩洛哥7个国家在发展中国家全球贸易优惠制度框架（SGPC）内签署关税优惠协定，同叙利亚和巴勒斯坦签署自由贸易框架协议。南方共同市场分别于2007年与以色列、2010年与埃及、2011年与巴勒斯坦签署自由贸易协定。2014年12月，南方共同市场同黎巴嫩、突尼斯就深化双方经贸关系签署合作协议。

南方共同市场与印度的贸易品主要集中在技术附加值较低的产品，如豆油、小麦、精炼铜，从印度主要进口化学品、汽车零部件、燃料以及机械零件。随着印度制药企业开始在南方共同市场等拉丁美洲国家建厂，其对南方共同市场国家药品的出口也初具规模。随着印度近年来和南方共同市场就扩大和加深双方协议进一步磋商，双方贸易谈判进展迅速。2004年1月，南方共同市场与印度签署了优惠贸易协定，并于2009年6月1日生效。这也是南方共同市场与美洲地区以外的国家签署的第一个优惠贸易协议，并被双方视为可以逐渐建立一种战略性关系的第一步。按照协议，南方共同市场国家已同意为大约450种印度产品提供优惠准入，包括分体空调系统、冰箱、皮革和鞋类、丝绸、棉花、肉类、化学品和玻璃等。其中，南方共同市场同意对13种产品实行零关税，其他产品则实行5%~7.5%的共同对外关税。印度将降低450种从南方共同市场国家进口产品的关税。大多数产品减税幅度为10%~20%。此外，2006年9月，巴西、南非和印度三国峰会在巴西利亚举行，讨论了建立南方共同市场、南非和印度自由贸易协定的基础条件。巴西希望与南非和印度建立自由贸易区。

南方共同市场还积极发展与韩国、日本等东亚国家的贸易合作关系。南方共同市场与韩国的贸易对话开始于1997年，因为南方共同市场主要从韩国进口大量的工业制成品，特别是汽车等南方共同市场内部十分敏感的贸易品，而对韩国出口产品则集中在农业原材料、矿产资源，因此阿根廷和巴西的私营企业主始终反对与韩国开展任何形式的贸易谈判。2008年8月，韩国向南方共同市场提交了一份文件，建议成立一个咨询机构，制定双方建立自由贸易区的标准。2008年11月，第一届南方共同市场和韩国部长级会谈在巴西利亚举行，为双方进一步谈判做准备。南方共同市

场和韩国的代表于 2009 年 7 月 23 日在南方共同市场轮值主席国巴拉圭首都亚松森签署谅解备忘录，决定成立联合工作小组，研究双方签署自由贸易协定的可能性。

南方共同市场和埃及于 2010 年 7 月签署了自由贸易协定，该协定于 2017 年 5 月正式生效。但是，由于委内瑞拉在自由贸易协定签署之后才加入南方共同市场，因此并不享受与埃及之间的自由贸易。该协定是南方共同市场与非洲国家签署的首个自由贸易协定，也是与中东国家签署的第二个自由贸易协定。巴西是埃及在南方共同市场成员国之中最大的贸易伙伴，同时也是其第 11 大进口来源国。据统计，埃及每年进口农产品的 1/5 来自南方共同市场，但埃及总出口的 0.7% 流向南方共同市场成员国。①

南方共同市场和以色列签署的自由贸易协定是其首次与地区外贸易伙伴签署自由贸易协定，标志着南方共同市场积极向外拓展合作关系的倾向。2005 年，南方共同市场与以色列开始就建立自由贸易协定展开谈判。2006 年，以色列和南方共同市场贸易额超过 110 亿美元。经济贸易关系的加强促使双方加快自由贸易协定谈判。2007 年 12 月 18 日，南方共同市场 4 个成员国巴西、阿根廷、巴拉圭和乌拉圭与以色列签署了自由贸易协定，以色列成为拉丁美洲地区以外首个与南方共同市场签署自由贸易协定的国家。协定规定，双方有关国家将在 10 年内分步骤地相互取消 90% 的关税壁垒。南方共同市场与以色列的贸易主要集中在农产品、化肥、高科技和软件等领域，有利于南方共同市场在基础产业的出口，并引进以色列的高科技产品和技术。该协定的签署，也为南方共同市场与更多拉丁美洲地区以外的国家进行自由贸易谈判提供了有利条件。

2008 年 7 月，第 35 次南方共同市场首脑会议同意了南方共同市场与约旦的框架协议，并制定建立了自由贸易区的谈判条款。有关会议在 2009 年上半年召开，南方共同市场在会上特别建议 10 年内根据产品种类以不同速度逐渐取消关税。

---

① Azza Kamal, "Potential Impacts of Mercosur-Egypt Free Trade Agreement," *Business and Economic Research*, Vol. 7, No. 2, 2017.

　　南方共同市场和摩洛哥之间的合作框架协议于 2004 年 11 月 26 日签署，协议包括固定关税优惠协议的谈判以及为双方未来签署自由贸易协定所做的准备。但是双方之间的对话在 2006 ~ 2007 年暂停，直到 2008 年 4 月才重新开始。2009 年上半年，双方开始考虑签署固定关税优惠协议的基本文本。2010 年 4 月 29 日，南方共同市场与摩洛哥之间的合作框架协议正式生效。

　　南方共同市场和南部非洲关税同盟两大集团之间的谈判最初开始于 2000 年 12 月，南方共同市场与南部非洲关税同盟框架协议谈判委员会首先就加强双方现有经贸关系以及为建立未来自由贸易区准备进行一系列相关谈判和磋商。2003 年 10 月，南部非洲关税同盟成员国全部参与这一谈判。然而，由于南部非洲关税同盟部分成员国始终不满意南方共同市场仅仅对 500 种产品进行关税部分减免，双方相关会谈只能重新开始。在最终签署的协议中，南部非洲关税同盟同意对 1064 种产品立即实行关税优惠；南方共同市场也同意对 1052 种产品实行关税优惠，其中优惠范围为 10%、25%、50% 和 100% 四个档次。南方共同市场与南部非洲关税同盟贸易协议涉及的部门包括农业、渔业、纺织和制衣业、眼镜制品、汽车零配件、塑料及制品、化工产品、钢材、电子产品、电脑产品以及资本货物等。同时，双方还建立了一个联合政府委员会以确保一年至少一次的双边会谈，从而确保协议功能正常履行。对于南方共同市场中处于相对较弱地位的乌拉圭和巴拉圭，协议也提供了更多有利的条件。不过值得注意的是，双方的优惠贸易协定中所包括的产品种类并非覆盖了双边贸易中的主要产品，而且双方还在原产地规则、保护措施以及争端解决等方面也设定了特别标准。在 2008 年南方共同市场第 38 次首脑会议上，南方共同市场成员国与南部非洲关税同盟签署了优惠关税协议，这个协议实际上是 2004 年谈判结果的延伸。2016 年 4 月 1 日，南方共同市场和南部非洲关税同盟贸易优惠协定正式生效，化工、纺织、钢铁、塑料、汽车、电子产品、资本货物及农产品成为主要获益部门。

　　2005 年 5 月，首届南美 - 阿拉伯国家首脑会议在巴西召开。其间，南方共同市场与海湾合作委员会签署了《经济合作框架协议》，正式启动两大区域组织之间的自由贸易协定谈判。2006 年 5 月，南方共同市场与海合会就自由贸易协定展开正式谈判。2007 年 1 月，双方自由贸易协定谈判基本完成，将涵盖 90% 以上的农产品和工业制成品，以及服务和投资领域。海合会还同意向南方共同市场开放汽车市场，这将使一直有意开拓阿拉伯国家市场的巴西和阿根廷汽车工业出口得到大幅增加。[①] 但是，有两个问题导致双方的谈判一直停滞不前。首先是关于原产地规则的一般定义。海湾合作委员会希望原产地率最少为 35%，而南方共同市场则坚持更高的标准，至少在 50% 以上。其次是优先保护机制。这些问题导致双方谈判一直不前。双方在 2009 年同意进一步更新谈判文本。由于海合会成员国在食品、农业和工业建设领域需要大量进口商品，而这对南方共同市场成员国的吸引力非常大，这些无疑会进一步加强南方共同市场与海合会的贸易关系。

[①] 《南方共同市场和海合会自贸谈判基本完成》，《世界贸易组织动态与研究》2007 年第 4 期，第 44 页。

第七章
南方共同市场的成就、困境与未来

南方共同市场是目前拉美和加勒比地区一体化程度最高的次区域一体化组织，其一体化的理论依据和路径基本参考欧盟，拥有成为高水平一体化组织的先天条件。但是，这个将近30年之久的、将占拉美经济活动总量一半的5个国家集结起来的南美地区贸易协定，日渐式微。当前的南方共同市场已经成为贸易保护主义国家的联盟。2019年，南方共同市场同欧盟初步达成自贸协定，并提出统一货币，一体化进程出现新的转机。

第一节　南方共同市场的成就

作为拉美地区一体化的标杆，南方共同市场在政治、外交、经济、社会等方面均进行了一体化实践，且都取得了一定的成就。

政治方面，南方共同市场最大的成就是确立和巩固了代议制民主制度在各国政治中的基础地位，使民主体制在各成员国得到稳固，这也成为巴拉圭和委内瑞拉先后被中止成员国资格的最重要原因。南方共同市场的成立，还使和平谈判成为成员国之间解决纠纷的首选。例如，巴西和阿根廷两国的历史矛盾得到彻底解决，新的边境冲突如阿根廷和乌拉圭造纸厂纠纷等也多了多边政治斡旋的途径，南方共同市场4个成员国之间实现了连续多年的和平发展。

外交方面，南方共同市场较为注重在重大国际和地区问题上协商共同立场，并试图用一个声音说话，其主要目的是维护成员国共同利益，提高各个成员国的话语权。南方共同市场利用整体积极推进同世界上其他国家和地区的经贸关系，但也在一定程度上限制了其发展。南方共同市场高级总代表在一定意义上也可代表南方共同市场开展对外活动。

经济方面，南方共同市场以建立关税同盟为根本目标，逐步建立和完善共同对外关税体系，成员国间商品贸易基本实现互免关税，人员和资本流动限制逐步取消，为吸引外资创造了有利条件。1991~2000年，南方共同市场分两步完成了自由贸易区建设目标，在贸易一体化层面初见成效。[1] 但是，汽车和糖尚未在区内实现自由流通，南方共同市场内的汽车贸易根据阿根廷和巴西、阿根廷和乌拉圭、巴西和乌拉圭三个双边协议进行，糖则从未包括在南方共同市场内部的谈判中。2000年，南方共同市场内部的自由贸易区已经基本实现。2000~2010年是南方共同市场从自由贸易区向关税同盟过渡的10年，其间不仅包括逐步取消原产地规则，而且包括服务业完全开放。2010年8月，南方共同市场通过《共同关税条例修订案》，正式开始关税同盟建设。

社会方面，南方共同市场一体化进程中始终予以市民社会高度关注，一体化成果从经贸领域向社会领域的"外溢"尤其明显，已经实现从实质性的合作发展到南方共同市场共同身份及属性的建设。2006年，南方共同市场议会成立，除了为一体化进程提供法律框架的保障外，也为普通民众参与一体化提供了渠道。《南方共同市场公民章程》为逐渐便利区内人员流动提供了法律框架。考虑到成员国均为陆上接壤国，南方共同市场统一车牌等措施不但切实促进了区内人员流动，也增强了各成员国人民的归属感，是南方共同市场效仿欧盟社会建设的主要内容之一。教育则是另一个南方共同市场着力推进社会一体化的领域。当前，成员国民众对南方共同市场一体化认可程度日益提高，称其为"人民的南方共同市场"。[2] 为了增强联盟内部凝聚力，加强内部整合，减少差异，南方共同市场成立

① Caballero Santos, Sergio, "Mercosur, the Role of Ideas and a More Comprehensive Regionalism," *Colombia Internacional*, No. 78, 2013, pp. 127–144.
② Daniel Amicci, "Mercosur y la Identidad Regional," *Iberoamérica*, No. 4, 2012, p. 116.

了"结构协调基金"，乌拉圭、巴拉圭等南方共同市场中发展程度较低的成员国成为基金的最大受益国。

第二节　南方共同市场发展面临的挑战

自南方共同市场成立以来，各个成员国在政治、外交、经济、社会领域的合作使其成为拉丁美洲和加勒比地区最具影响力的一体化组织。共同市场要求各成员国在执行共同对内对外关税的基础上，实现相互之间商品、资本、人员和劳务等生产要素的自由流动，建成统一大市场，并且在重要的经济领域进行协调，制定共同经济政策。未来南方共同市场如果想更进一步，必须要让渡部分主权。但是，成员国在经济规模方面的不平衡以及生产结构和增长周期的不协调，使其未来发展面临不少困难和挑战。

第一，保护主义始终是南方共同市场难以前进一步的主要障碍。尤其是 2008 年全球金融经济危机之后，南方共同市场内部经济民族主义和贸易保护主义时有抬头，成员国之间甚至互设贸易壁垒，诸多基础设施、能源一体化计划难以落实，损害了南方共同市场关税同盟之根本，这也导致南方共同市场迟至 2010 年才签署《共同关税条例》，迄今未形成真正意义上的同盟。值得注意的是，2019 年 6 月，欧盟和南方共同市场签署自由贸易协定，南方共同市场一改往日极度保守的立场，出现松动。

第二，南方共同市场各成员国间仍存在认知差距，领导人所在政党属性和外交倾向对合作的影响较大。近 10 年来，虽然阿根廷、巴西和乌拉圭政府均为左翼政府，其政策取向较为相近，但这样的政治优势并未能有效转化为推动南方共同市场在建设关税同盟道路上迈出实质性步伐的动力。随着阿根廷毛里西奥·马克里总统和巴西雅伊尔·博索纳罗总统执政，双方对待南方共同市场合作的态度也发生变化。例如，巴西新任总统博索纳罗上台后，希望能够改变巴西护照的外观，去除巴西护照外观中南方共同市场的标志，重新采用巴西国徽的样式。他还发出重新审视南方共同市场的相关言论。

第三，制度建设流于形式，地区峰会和总统宣言多，落到实处少。区域内事务解决的深度有限也影响了政策协调。为加强南方共同市场的作用，许多调控改革在很大程度上与各成员国现行的国内调控政策相悖，这种情况也使得有益于南方共同市场发展的政策得不到其成员国议会的支持，跨政府政策协调往往需要耗费大量的时间和精力，结果却并不如人意。

第四，建设统一对外关税的努力并不彻底。1994 年四国达成的统一关税已被修订多次，有时甚至是单边修改，各国均存在例外。《共同关税目录》在落实过程中也困难重重。如参照欧盟模式，各主权国家参与关税同盟即意味着对该国各领域政策进行极大调整，而在南方共同市场中，不仅存在国别的关税"边境"，而且始终有个别成员国试图同美国签署单边的自贸协定，如乌拉圭。换言之，南方共同市场各成员国让渡关税主权以建立整体关税同盟的意愿并不清晰，实现真正的关税同盟仍需时日，南方共同市场仅能称作为"不完美的"关税同盟。

第五，区域一体化机制设计存在缺陷。由于南方共同市场缺少可以形成跨国约束力的跨政府多边谈判机构，也不涉及主权让渡，许多关键领域改革必须经由各成员国议会通过才能得以实施，这使得南方共同市场政策的整合进程大大复杂化，许多涉及南方共同市场利益的政策调整时常受到某些成员国国内政治生态的干扰。南方共同市场中最敏感和最困难的行业，例如农业、汽车制造业和农产品加工业等方面的整合程度较差，通过更改国内法和机制设置减少非关税壁垒的过程也并非一帆风顺。各成员国貌似均遵守共同贸易政策，与此同时却希望背离这一原则，并试图打破统一，单独与第三方签订双边自由贸易协定。内部运行不畅也影响到南方共同市场与外部的交往，在如何与第三方进行贸易往来方面，南方共同市场内部仍未达成有效的共同行动法则。相较于各经济主体能够自主选择参与经济一体化，南方共同市场在政治、社会、教育和科技等领域的合作因缺少地区超主权机构的推动而进展缓慢。

第六，贸易一体化效果并不明显，间或出现反复和倒退。从经济总量来看，南方共同市场本应成为全球较大的经济一体化组织之一，特别是南方共同市场中的核心成员国巴西和阿根廷的综合国力和工业发展程度也足以支撑该一体化组织更积极地融入全球产业和贸易链，并在世界多边体系中拥有更大的发言权。南方共同市场区内贸易额并未实现持续增长，这一数字仅在《亚松森条约》签署后的 10 年内有所提高，进入 21 世纪后，这种贸易关系便停滞不前，各成员国间的经济互存度也仅达到 15%，与区外国家的贸易额占南方共同市场区内总贸易额的 85%[①]。这一数字充分表明，南方共同市场并不是其成员国的首选市场，南方共同市场区内贸易仍有相当大的发展空间。

事实证明，在南方共同市场内部贸易中，巴西利用其大国地位实现了并不具备国际比较优势制成品的区域内出口增加，而乌拉圭和巴拉圭这样的小国只能扮演接受者的角色。这样的结果是巴西通过南方共同市场实现了提高工业制成品出口的目标，而小国则成为牺牲品。[②] 它们的经济实力有限，虽然建立区域经济一体化之后，各国面临的市场规模得到扩大，但乌拉圭和巴拉圭的经济发展水平尚不具备组织大规模生产利用大市场的能力。另外，经济增长的周期性一直是困扰包括南方共同市场国家在内所有拉美国家发展的难题，政权更迭和经济危机导致经济发展的韧性不足，众多非经济因素影响了区域经济一体化对经济增长产生的部分促进作用。

第三节 南方共同市场的未来

南方共同体市场成立 20 多年来，在政治、经济、社会发展等方面都取得了一定的进步，但是构建更稳定持续的发展模式还有很长的路要走。纵观南方共同市场从建立以来的发展历程，其经历了从对外开放到对内收紧，再到重新开放的发展阶段。南方共同市场建立自由贸易区的总体趋向保守。由于内部的保护主义间或抬头，影响了其一体化效果，并限制了其

---

① Giovanny Cardona Montoya, *Es Mercosur nua Unión Aduanera Imperfecta Análisis Conceptual y Aplicado de la Realidad y Potencial de la Integración Entre los Países del Cono Sur*, Academia, http：//www. academia. edu/11531324/_ Es_ Mercosur_ una_ Uni% C3% B3n_ Aduanera_ imperfecta，访问日期：2019 年 5 月 30 日。

② Moncarz, P., Olarreaga, M., & Vaillant, M., Regionalism as Industrial Policy：Evidence from Mercosur, *Review of Development Economics*, Vol. 20, No. 1, 2016, pp. 359 – 373.

参与全球化的进程。可惜的是，2019 年南方共同市场在贸易和金融领域均出现了重新开放的端倪，这不仅是南方共同市场自身和各个成员国在全球大变局下积极寻求突破，实现自身发展的重要举措，更为各自国内改革创造了倒逼机制。

南方共同市场既是经济计划，也是政治倡议，自成立之初已表现出希望成为一个重要地区集团的强烈意愿。对于南方共同市场成员国来说，"南方共同市场是可以长期保护其利益、共同属性及国家自决权的主要工具"①。这也是其名为"共同市场"的题中应有之意，然而其更为明确的最终目标是建立关税同盟，虽然从目前发展情况看来，上述目标并未完全实现。②

对于阿根廷而言，到目前为止南方共同市场不能算是一次很成功的尝试。问题在于南方共同市场特殊的权利架构。如果非要给南方共同市场寻找一个领导国家，那么巴西以其拉丁美洲地区第一大经济体的体量有着天然的优势。但是巴西的经济社会发展程度低于阿根廷，甚至乌拉圭。巴西经济规模和社会发展之间的这种落差使得南方共同市场的运作很难复制20 世纪 60 年代东亚地区以日本为领头雁的"雁行模式"。南方共同市场的建立与其说是顺应企业自主的跨国经营，满足其降低跨境交易的成本，还不如说是一次政府主导的寻求本地区区域一体化的政治尝试。

政府主导的一体化进程并不必然失败。实际上，欧盟一直都是南方共同市场国家的一个范本，但是欧盟的一体化建立在有效且具有约束性的超国家的制度建设之上，而南方共同市场的制度建设却先天不足，无法有效地协调国家间政治、法律体系的不同，进而落实一系列集体性规章制度。国家利益冲突的根源，一方面在于各国民选政府受制于对内政

① Sergio Caballero, "El Proceso de Integración del MERCOSUR a Través de las Teorías de la Integración Regional," *CEFIR*, 2011, p. 27.

② Giovanny Cardona Montoya, "Es Mercosur nun Unión Aduanera Imperfecta Análisis Conceptual y Aplicado de la Realidad y Potencial de la Integración Entre los Países del Cono Sur," Academia, http://www.academia.edu/11531324/_Es_Mercosur_una_Uni%C3%B3n_Aduanera_imperfecta, 访问日期：2019 年 5 月 31 日。

治承诺，而对区域战略目标优先顺序的认知不同，另一方面在于巴西与其他成员国对于南方共同市场可以带来的利益期待有落差。一旦国家利益最终凌驾于集体利益之上，本已达成的区域内规则就很难在国家层面得到落实。

巴西与阿根廷的关系是南方共同市场发展的基石，这一认知已经在巴西、阿根廷两国近几届政府中得到统一和强化。两国的发展均需外部资源支持，且只有巴西和阿根廷两国保持政治和经济局势稳定，才有可能推进南方共同市场一体化进程。在巴西总统卢拉和阿根廷总统基什内尔任期内，两国政府之间的互动明显增强。卢拉将阿根廷定位为对巴西具有战略意义的伙伴国家，两国应一同重振南方共同市场，以南方共同市场作为一个整体，在同美国和欧盟进行谈判时并肩作战。基什内尔对此进行了积极回应，称两国关系处于历史时刻，巴西和阿根廷应为地区邻国和世界做出榜样，加强合作，助推南美地区更深程度的一体化。[1] 2005 年，巴西 - 阿根廷双边战略友好关系建立 20 周年之际，两国政府均明确将对方视为本国最优先的战略伙伴，并一致认同巴西和阿根廷两国是南方共同市场的核心，两国之间更加深化的全方位的合作是推动南美洲地区一体化的关键。

展望未来，如果南方共同市场各成员国政府求同存异，加强政策协调能力，并以此推动关税同盟和共同市场建设，则可为南方共同市场一体化建设注入强大动力。在阿根廷和巴西各自多次面临经济衰退和政治动荡之际，新的国家领导人除了尽快复苏经济以巩固其执政合法性之外没有别的选择。在这种背景下，要求牺牲部分国家利益来谋求长期共同发展的南方共同市场在短期内很难取得突破。更为现实的可能性是以阿根廷和巴西为首，从各自国家利益出发进行的双边协商将会增多，以市场化和自由化为主的改革将会进行，与区外经济体的联系将会增强，而"实用主义"将会成为主旋律。[2]

---

① Denize Bacoccina, "Lula e Kirchner Criarão Parlamento do Mercosul," BBC Brasil, 11 de junho, 2003.

② 吴国平、王飞:《浅析巴西崛起及其国际战略选择》,《拉丁美洲研究》2015 年第 1 期。

一　巴西视角

巴西是南锥地区国家开展合作以及推动成立南方共同市场最主要的参与方。① 基于稳定的地区环境是一国参与全球竞争的基础这一理念，巴西将南美洲地区一体化，特别是加强南方共同市场合作视为其巩固地区大国角色的途径。南美洲地区一体化一直是巴西外交战略的优先目标，强化与本地区国家的合作受到历届政府的重视，实现与南美邻国和平共处、推动地区发展是巴西履行其国际角色的关键一面。② 加强南方共同市场国家的合作是巴西国际战略的核心内容，是巴西提升国际身份、履行更全面角色的重要途径。③ 迪尔玛·罗塞夫（Dilma Rousseff）在 2010 年赢得总统选举后便宣布，将把与阿根廷的关系置于绝对优先的地位。2011 年 1 月上任后不久，罗塞夫便选择阿根廷作为就职后首个出访国家。

对巴西来说，南方共同市场的重要性在于为巴西的国际参与提供了重要平台，巴西希望凭借南方共同市场加强南美洲地区的合作，使南美洲地区成为一个利益整体，进而加强其在国际事务中的地位。南方共同市场内部经济不平衡一直是困扰其发展的主要障碍，也是破坏内部团结、引起争端的主要原因之一。针对这一问题，巴西政府承诺通过慷慨的方式帮助经济规模较小的成员国克服贸易受益不均的问题。萨缪尔·皮涅伊罗·吉马良斯将这种方式称为南美洲的"马歇尔计划"，从远期目标看，巴西对小成员国的帮助将有利于其地区目标的实现。为实现这一目标，他呼吁巴西政府消除邻国产品进入巴西市场的障碍，提高巴西向邻国的贷款额度，改

---

① 20 世纪 40 年代，由于欧洲深陷战争，美国取代欧洲成为拉美第一大贸易伙伴，美国依此确立并巩固在西半球的主导地位，拉美对美国的政治和经济依附加深。同时，受益于一战后国际贸易恢复，拉美地区的区内贸易亦在增长，地区大国巴西希望拉美通过加强国家间的经济联系，尽快摆脱美国的控制。

② Celso Amorim, "Brazil's Multilateral Diplomacy," Remarks at the Second National Conference on Foreign Policy and International Politics, Brazilian Embassy in Washington, November 27, 2007.

③ 〔巴西〕萨缪尔·皮涅伊罗·吉马良斯：《巨人时代的巴西挑战》，陈笃庆等译，当代世界出版社，2011，第 201 页。

善邻国基础设施建设水平，并建立用本地货币结算的区域内贸易支付系统，扩大旨在消除不平衡的基金规模。①

巴西是南方共同市场的一个极为重要的参与者，该组织在体制建设上的停滞不前与诸多承诺未能实现，巴西对此负有很大责任。杜鲁·维也瓦尼（Tullo Vigevani）和加布里埃尔·塞帕鲁尼（Gabriel Cepaluni）认为，造成这一问题的原因在于巴西在世界舞台上获得的自主权越大，就越不愿意放弃在南美洲地区的那一部分自主权。②

二 阿根廷视角

以往，阿根廷在地区事务中采取的是次区域霸权主义和孤立主义，对拉美国家有一种不信任感，特别是与巴西之间的关系长期不睦。③ 直到梅内姆总统时期，阿根廷才意识到必须加强地区合作，才能增强国家在国际上的经济竞争力和政治影响力。梅内姆政府外交政策的调整及其在南方共同市场创建问题上的积极态度，体现了阿根廷政府应对冷战结束和全球经济一体化大潮的思路。阿根廷以国际参与为特色的外交政策的实施途径帮助其适应了以美国霸主地位和经济全球化为特征的新的国际现实。

从《亚松森条约》签订时开始，阿根廷从未放弃加快建立南方共同市场一体化经济空间的决心。这不仅是为了使这一地区的所有国家都能够积极参与到经济全球化的进程中来，也是力求使这一地区能够成为南美洲地区权力的空间，对地区和全球事务产生影响。基什内尔和克里斯蒂娜夫妇尽管奉行较为保守的经济发展模式，但在加强和巩固以南方共同市场为核心的地区一体化问题上保持了阿根廷一直以来的基调。基什内尔始终重视同巴西关系的改善，巴西也成为其担任总统之后首个访问的国家，其在恢复美洲自由贸易区谈判的问题上与巴西保持一致，希望以拉美国家的切身利益为重，同美国展开自由贸易谈判。马克里执政后，阿根廷的区域合作步子迈得更大，积极

---

① 周志伟：《巴西崛起与世界格局》，社会科学文献出版社，2012，第129~130页。
② 〔巴西〕杜鲁·维也瓦尼、加布里埃尔·塞帕鲁尼：《巴西外交政策：从萨尔内到卢拉的自主之路》，李祥坤、刘国枝、邹翠英译，社会科学文献出版社，2015，第3页。
③ 李紫莹：《从阿根廷视角看南方共同市场中的政治因素》，《拉丁美洲研究》2010年第1期。

与太平洋联盟展开对话不仅是阿根廷为其发展谋求良好外部环境的努力，同时也是阿根廷为南方共同市场寻求发展出路提供的可行路径。

阿根廷对于巴西谋求南美洲的主导地位显然存在自身的考虑，其对巴西争取联合国安理会常任理事国席位的做法也颇有微词。因此，在谁是南方共同市场主导国这一问题上，阿根廷同巴西之间始终存在隔阂。

综上所述，推动南方共同市场继续朝《亚松森条约》规定的方向发展必须具备以下三种条件：第一，成员国间的经济依存度上升，为应对外部挑战和不确定因素，成员国间必须加强内部凝聚力。随着各成员国间经济相互依存度降低，非协调性政策，特别是敏感领域的非协调性政策的风险和成本上升，这一过程要求成员国加强内部政策的协调与统一。第二，南方共同市场逐渐深入的一体化进程必然要求各成员国政府思想上高度统一，摒弃孤立的贸易纠纷个案，集中精力为宏观经济政策的磋商与协调铺平道路。当然，南方共同市场的发展前景系于巴西和阿根廷两国互动，两国不仅应加强宏观经济政策的协调，甚至应在外交政策导向、涉国家利益重大问题，以及对南方共同市场的定位与发展目标等领域尽量保持步调一致。第三，南方共同市场的存在客观上也成为各成员国制定贸易和经济改革政策的重要考量，各方应本着减少政治和经济分歧的意愿为南方共同市场发展扫清障碍。实际上，南方共同市场发展之初已经吃过各行其是的亏，例如，在1991~1993年，阿根廷政府为应对与巴西的贸易逆差以及自由化引发的经济成本，试图在贸易领域保持一定的自由度，这种做法与当时南方共同市场各成员国正在积极协商的补贴贸易相左，引起巴西强烈反弹，并采取类似做法报复阿根廷。两国间的一来一往加剧了单边主义行为，成为阿根廷和巴西贸易纠纷的主要诱因，也为南方共同市场的发展埋下了隐患，这应成为南方共同市场未来发展的前车之鉴。①

---

① 吴缙嘉：《拉美和加勒比地区一体化路径考——基于南方共同市场和拉美太平洋联盟的比较研究》，博士学位论文，中国社会科学院研究生院，2016年，第75~76页。

南方共同市场大事记

1985 年   5 月，阿根廷和乌拉圭签订了《经济互补协议》，决定增加两国之间的相互贸易。

11 月，阿根廷总统劳尔·里卡多·阿方辛（Raúl Ricardo Alfonsín）与巴西总统若泽·萨尔内（José Sarney）签署《伊瓜苏宣言》，决定成立以外交部为首、由两国官方和实业界代表组成的经济合作和双边一体化混合委员会。

1986 年   7 月，阿根廷和巴西签订《关于阿根廷－巴西一体化的文件》和 12 项议定书，开始筹建共同市场。

1988 年   11 月，阿根廷和巴西签订两国一体化合作与发展条约，乌拉圭同巴西、阿根廷签署三国一体化的 2 号及 3 号文件。

1989 年   8 月，阿根廷和巴西两国议会分别通过《合作、发展与一体化条约》，宣布两国将开辟共同的经济区，并在十年内逐步建成共同市场。

1990 年   7 月，巴西和阿根廷签订了《布宜诺斯艾利斯法》，计划于 1994 年建立共同市场。

9 月，巴拉圭与乌拉圭宣布加入巴西与阿根廷正在筹建的共同市场。

1991 年   3 月 26 日，阿根廷、巴西、乌拉圭和巴拉圭 4 个国家的总统签署《亚松森条约》，决定从 1995 年 1 月 1 日起建立南方共同市场。

6 月，4 个成员国与美国签订了《贸易和投资有效框架协定》，

即"4+1"集团。

9月19日，南方共同市场联合议会委员会成立。

10月30日，4个成员国议会相继完成了对《亚松森条约》的法律批准手续。

11月29日，《亚松森条约》正式生效，成为指导成员国实现小区域一体化的纲领性文件。

12月17日，4个成员国的总统在巴西举行首次首脑会议，通过了加速小区域一体化进程的《巴西利亚议定书》。

1994年　8月5日，4个成员国的外长和经济部长在布宜诺斯艾利斯举行第6次首脑会议，签署《关于共同对外关税协议》，正式确定4国组成的自由贸易区和关税同盟于1995年1月1日成立。

12月1日，南方共同市场贸易委员会成立。

12月16~17日，4个成员国签署正式启动南方共同市场的《欧鲁普雷图议定书》，作为《亚松森条约》的补充，赋予南方共同市场以国际法人地位并确定了新的体制结构。

1995年　1月1日，南方共同市场正式启动，开创了拉丁美洲经济一体化的新局面。根据南方共同市场4个成员国达成的有关统一关税的协议，约9000种产品中的85%在共同市场内部实行免税，其余15%的产品的关税应该在1999年之前逐步减免。

2~3月，南方共同市场4个成员国与安第斯集团5个成员国在蒙得维的亚进行集体谈判，就建立大自由贸易区和逐步取消关税壁垒达成共识。

8月，南方共同市场4个成员国在第8次首脑会议上，确立了与欧盟建立自由贸易关系的准则，并吸收智利、玻利维亚加入。

12月7日，南方共同市场4个成员国在乌拉圭的埃斯特角签署联合声明，四国总统批准旨在完善一体化格局的《2000年行动纲领》，其战略目标是在地区主义开放格局中，通过强化和完善关税联盟来深化一体化。

12 月 15 日，南方共同市场与欧盟国家元首在西班牙首都马德里签署《欧盟－南方共同市场地区间合作框架协议》，加强两个地区在国际上的作用和协同性。该协议被认为是拉丁美洲国家参与国际经济集团化进程，加强南北合作的一个重要标志。

1996 年　　6 月，南方共同市场 4 个成员国在阿根廷圣路易斯城举行第 10 次首脑会议，与智利签署自由贸易协定，确定在 8 ~ 15 年相互逐步降低关税，最终实现自由贸易。

12 月，南方共同市场同玻利维亚签署自由贸易协定，双方承诺于 2015 年实现自由贸易。

1997 年　　6 月，南方共同市场 4 个成员国在亚松森举行第 12 次首脑会议，表示要通过加倍努力继续推动一体化进程。

6 月，南方共同市场同秘鲁就 "4 + 1" 模式接纳秘鲁成为成员问题开始谈判。

12 月，南方共同市场第 13 次首脑会议，决定吸收智利参加南方共同市场的各种会议和技术性谈判。

1998 年　　4 月 16 日，南方共同市场和安第斯共同体两大地区一体化组织达成了实现组织间自由贸易的意向，并签订了相关备忘录。

6 月 29 日，南方共同市场和安第斯共同体分别向对方提供了实行税收减免的税目。但是随后谈判进展停滞，安第斯共同体仅仅与巴西一国签署了关税优惠协议。

7 月 22 日，欧盟委员会决定启动与南方共同市场 4 个成员国和智利建立自由贸易区的谈判。

7 月 23 日，《蒙得维的亚服务贸易协议》签署，成为南方共同市场服务贸易的一般性规定准则。

7 月 24 日，《乌斯怀亚议定书》签署，不尊重民主原则的缔约国不能留在南方共同市场中。

1999 年　　2 月 21 日至 22 日，南方共同市场的缔约国总统在里约热内卢召开会议，主要议题为巴西爆发的金融危机对整个地区经济发展的影响。会上与会各位元首强化了地区贸易自由化的决心，经过商讨得出结论，认为加强南方共同市场内部的合作、维护其稳定的发展对化解危机有所助益。

6月，澳大利亚和新西兰先后同南方共同市场签订合约，以促进双边投资的发展。

7月初，阿根廷政府为了维护本国企业的利益，宣布限制进口巴西家电产品的进口。

8月，南方共同市场理事会专门举行了紧急会议，以求解决巴西和阿根廷之间的贸易纠纷，但收效甚微。

2000年　1月，南方共同市场成员国间已完成区域内零关税目标，例外项目仅有糖及汽车。

6月29日，在阿根廷首都布宜诺斯艾利斯举行的南方共同市场第18次首脑会议上，各国提议建立欧盟"马约"式的货币同盟，确定相互投资准则及加强社会领域合作的具体协议。

2001年　7月，南方共同市场同欧盟就建立自由贸易区举行又一轮谈判，欧盟答应将肉类、粮食、食糖和奶制品等"敏感产品"贸易问题纳入谈判。

10月，南方共同市场四国就汽车贸易的关税问题达成协议，并且在拉丁美洲一体化协会（ALADI）订立合约。根据关于区内汽车贸易的规定，从2001年10月11日到2006年12月31日期间成员国之间进出口各类汽车整车和零配件关互免关税，而至于区外汽车贸易，普通汽车的统一对外关税税率为35%，农用机车为14%，零配件为2%。

2002年　2月19日，各国领导人再布宜诺斯艾利斯签署《奥利沃斯议定书》，建立特别审查法庭，用于解决共同市场内的争端。

2003年　10月16日，巴西和阿根廷针对《华盛顿共识》联合发表了《布宜诺斯艾利斯共识》，共识包括加强拉美地区团结、加强南方共同市场建设等在内的22项内容。

2004年　7月8日，在伊瓜苏举行的第26届南方共同市场首脑会议上，墨西哥成为南方共同市场"观察员国"。

12 月 16 日，建立南方共同市场结构协调基金（Structural Convergence Fund），用于提高各国竞争力、促进社会融入及基础设施建设。

2005 年　6 月 19 日，第 28 届南方共同市场首脑议会决定设立南方共同市场协调基金（FOCEM），以增强南方共同市场小国的竞争力，解决内部发展不平衡问题。

12 月 7 日，《蒙得维的亚服务贸易协议》在阿根廷、巴西和乌拉圭正式通过之后成功开始运行。

12 月 9 日，南方共同市场在第 29 届首脑会议上一致同意接纳委内瑞拉为其新成员。

2006 年　5 月 24 日，签署委内瑞拉加入南方共同市场的文件。

7 月 4 日，在南方共同市场第 22 次首脑会议上，委内瑞拉加入南方共同市场的申请正式获得通过。

2007 年　12 月 18 日，南方共同市场与以色列自由贸易协定框架协议签署。

2008 年　6 月 30 日，在阿根廷图库曼举行的南方共同市场第 35 次首脑会议上，南方共同市场成员国宣布区域内贸易将弃用美元。

2009 年　4 月，南方共同市场与南部非洲关税联盟（SACU）签署优惠贸易协定。

12 月，巴西参议院通过对委内瑞拉加入南方共同市场的表决，委内瑞拉加入南方共同市场仅差巴拉圭议会的表决通过。

2010 年　8 月 2 日，南方共同市场与埃及自由贸易协定框架协议签署。

12 月，南方共同市场与古巴、印度、印尼、马来西亚、韩国、埃及、摩洛哥等七国在发展中国家全球贸易优惠制度框架（SGPC）内签署关税优惠协定，同叙利亚和巴勒斯坦签署自贸框架协议。

2012 年　6 月 22 日，巴拉圭总统卢戈遭到议会弹劾被迫下野，24 日，南方共同市场发表关于巴拉圭民主秩序遭到破坏的共同声明，宣布巴拉圭的继任总统不能参加 2012 年 6 月度在阿根廷举行的南方共同市场第 43 次首脑会议。

8 月 12 日，委内瑞拉加入南方共同市场。

12 月 7 日，玻利维亚加入南方共同市场文件签署。

12 月 7 日，南方共同市场商业论坛（Business Forum）成立。

2014 年　12 月 17 日，南方共同市场与黎巴嫩贸易和经济合作框架协议签署。

12 月 17 日，南方共同市场与突尼斯贸易和经济合作框架协议签署。

2016 年　7 月，巴西和委内瑞拉两国围绕南方共同市场轮值主席国问题关系紧张。

9 月 15 日，巴西外交部发布了南方共同市场成员国联合声明，宣布取消委内瑞拉轮值主席国资格，并表示如果委内瑞拉近期仍不能履行成员国义务，将中止其成员国资格。该决定遭到委内瑞拉的强烈抗议。

2017 年　3 月 20～24 日，欧盟 - 南方共同市场第 28 轮双边谈判在阿根廷举行。

2018 年　10 月 18 日，经过 4 个回合的谈判，巴西 - 智利自由贸易协定完成实质性谈判。

2019 年　6 月 28 日，欧盟 - 南方共同市场初步达成自由贸易协定。

附录（一）

亚松森条约[*]

阿根廷共和国、巴西联邦共和国、巴拉圭共和国和乌拉圭东岸共和国（以下简称"缔约国"），考虑到通过实行一体化来扩大它们各自内部市场的目前规模是在社会公正条件下加快其经济发展进程的基本条件，认识到这一目标必须在逐步、灵活和平衡的原则基础上，通过最有效地利用所拥有的资源、保护环境、协调宏观经济政策和使各个经济部门之间相互补充来达到，鉴于国际事态的变化，特别是大经济区的加强以及适当地加入国际社会中去对各自国家的重要性，表示这一一体化进程是对上述形势做出的合适反应，意识到根据《1980 年蒙得维的亚条约》的目标，本条约应被看成是在推动拉丁美洲一体化逐步发展的努力中的一个新进展，确信有必要推动各个缔约国的科技发展并使其经济现代化，以便扩大可支配产品和服务的供应并提高其质量，改善居民的生活条件，重申将为四国人民更加紧密地团结起来奠定基础的政治意愿，以实现上述各项目标，一致同意：

第一章 目标和原则

第 1 条 缔约国决定建立一个共同市场，该共同市场应于 1994 年 12 月 31 日建成，并命名为"南方共同市场"。

---

[*] 根据《拉丁美洲一体化》杂志第 167 期 1991 年 5 月号载文翻译，转引自徐宝华、石瑞元《拉丁美洲地区一体化进程——拉丁美洲国家进行一体化的理论和实践》，社会科学文献出版社，1996，第 250～255 页，并结合原文条款对部分内容进行修正。

这个共同市场包括：

通过取消对商品流通的关税和非关税限制以及其他任何等同的措施，在四国之间实行商品、服务和生产要素的自由流动。

对第三国或国家集团，设立共同的对外关税并采取共同的贸易政策；在地区性或国际性经贸论坛上协调立场。

在成员国之间协调宏观经济政策和部门经济政策：对外贸易、农业、工业、财政、货币、汇兑、资本、服务、海关、运输、通信等方面的政策以及四国同意协调的其他方面的政策，以便保证在缔约国之间有适当的竞争条件。

缔约国承诺调整有关方面的法规，以便加强一体化进程。

第2条 共同市场应建立在缔约国拥有对等权利和业务的基础上。

第3条 为便于建立共同市场，从本条约生效之日起到1994年12月31日这段过渡期内，缔约国采用一种《一般性产地制度》、《解决争端制度》和《保证条款制度》。

第4条 在与第三国的关系上，缔约国应保证提供公平的贸易条件。为此，将执行它们本国的法规，以限制价格受到补贴、倾销或其他任何不诚实行为影响的产品出口。同时，缔约国将协调它们本国的政策，以便就贸易竞争制定共同的准则。

第5条 在过渡期内，建立共同市场的主要措施是：

（1）贸易自由化计划。即在缔约国之间逐步地、直线地、自动地降低关税，并辅之以取消非关税限制或效果相同的措施以及取消其他缔约国之间贸易的限制，以便在1994年12月31日实现零关税，并在整个关税范畴之外不再有任何非关税限制。

（2）逐步协调宏观经济政策，并且要与（1）所提到的降低关税和取消关税限制的计划相一致。

（3）采用共同的对外关税，以促进缔约国的对外竞争力。

（4）达成部门间协议，以便更好地利用和调动生产因素，并达到有效的运作规模。

第6条 缔约国承认巴拉圭共和国和乌拉圭东岸共和国在实施计划的

速度上应有具体差别，这些差别在贸易自由化计划中注明。

第 7 条 在赋税、价格和其他国内税捐方面，原产于一个缔约国的产品在其他缔约国国内享有与这些国家的产品同等的待遇。

第 8 条 缔约国承诺维持在本条约签字之前所承担的义务，其中包括在拉丁美洲一体化协会范围内签订的协议；在过渡时期进行对外贸易谈判时应协调它们的立场。为此：

（1）到 1994 年 12 月 31 日止，在一缔约国与另一缔约国之间进行贸易谈判时，应避免影响其他缔约国的利益。

（2）在过渡时期与拉丁美洲一体化协会的成员国签订协议时，应避免影响其他缔约国的利益或共同市场的目标。

（3）在和拉丁美洲一体化协会其他成员国就建立自由贸易区和广泛降低关税计划进行谈判时，要在缔约国之间进行协商。

（4）给予来自或输往非拉丁美洲一体化协会成员国的第三国产品的任何优惠、豁免权或特权，均应自动地给予其他缔约国。

第二章 组织结构

第 9 条 在过渡时期，本条约的管理和执行以及在本条约所规定的司法范围内所达成的专门协议和做出的决定的管理和执行，由以下机构负责：

（1）共同市场理事会；

（2）共同市场小组。

第 10 条 共同市场理事会是共同市场的最高机构，它的职责是对共同市场进行政治指导并做出决定，以确保按规定的期限实现各项预定的目标，最终建成共同市场。

第 11 条 共同市场理事会由各缔约国的外交部长和经济部长组成。

共同市场理事会将在认为合适的时候召开会议；每年至少召开一次有成员国总统参加的会议。

第 12 条 共同市场轮值主席国应按照字母顺序由缔约国轮流担任，

任期为 6 个月。

共同市场理事会的会议将由外交部长们协调，其他部长或部长级官员也可应邀出席会议。

第 13 条 共同市场小组是执行机构，由各缔约国的外交部协调。共同市场小组有倡议权，其职责如下：

——监督条约的执行情况；

——采取必要的措施以执行共同市场委员会通过的决定；

——在执行贸易自由化计划、协调宏观经济政策和与第三国谈判签订协议等方面提出具体的措施；

——制定工作计划，以确保朝着建立共同市场的方向前进。

共同市场小组为履行其职责，必要时可建立工作小组。共同市场小组自成立之日起 60 天内应制定其内部章程。

第 14 条 共同市场小组由每个缔约国各派 4 名正式代表和 4 名候补代表组成，他们代表下述公共机构：

——外交部；

——经济部或与其相当的部（工业部，对外贸易部和/或经济协调部）；

——中央银行。

到 1994 年 12 月 31 日止，共同市场小组在制定和提出具体工作措施时，如果认为合适，可以召集其他公共行政机构和敌人部门的代表开会。

第 15 条 共同市场小组将设立行政秘书处，主要负责保管文件和通告小组的活动，秘书处的总部将设在蒙得维的亚城。

第 16 条 在过渡时期，共同市场理事会和共同市场小组的决定应在各缔约国都在场并一致同意的情况下做出。

第 17 条 共同市场的官方语言是西班牙语和葡萄牙语，工作文件的正式文本将使用每次会议会址所在国的语言。

第 18 条 在 1994 年 12 月 31 日共同市场建立之前，缔约国将召开一次特别会议，以便确定共同市场行政机构最终的组织结构、各个机构的专门职权以及做出决定的制度。

第三章 有效期

第 19 条 本条约的期限不受限制，并从第三份批准证书交存之 30 日起生效。批准的证书应由巴拉圭共和国保存，并由巴拉圭共和国通知其他缔约国政府交存的日期。

巴拉圭共和国应将本条约生效的日期通知其他缔约国政府。

第四章 加入

第 20 条 本条约将通过谈判接受拉丁美洲一体化协会的其他成员国加入，它们的申请将在本条约生效 5 年后由缔约国审议。

但是，未参加小地区一体化计划和地区外协会的拉丁美洲一体化协会成员国的申请可以在上述期限之前予以考虑。

申请的批准应由缔约国一致决定。

第五章 退出

第 21 条 凡愿意退出本条约的缔约国应该以明确和正式的方式将这一意图通知其他缔约国，并且在 60 天内向巴拉圭共和国外交部递交退约文件，巴拉圭共和国外交部应把这一文件分发给其他缔约国。

第 22 条 退约国正式退出后，原先作为缔约国所具有的权利和义务随即停止，但涉及本条约贸易自由化计划的权利和义务以及其他缔约国在退约国正式退出后 60 天内与退约国商定的其他权利和义务可以保持，保持期为 2 年，自退约国正式退出之日算起。

第六章 一般性规定

第 23 条 本条约定名为《亚松森条约》。

第 24 条 各缔约国政府应向各自的立法机构报告共同市场——本条约的目标——的进展情况，同时应要求立法机构有限考虑呈请其审议的有关协议。

本条约于 1991 年 3 月 26 日在亚松森城签订，原始文本用西班牙语和葡萄牙语写成，两种文本具有同等效力。巴拉圭共和国政府将是本条约的保管人，它应向其他签字国和加入国政府寄送符合规定的有效副本。

阿根廷共和国政府代表

　　卡洛斯·萨乌尔·梅内姆，

　　吉多·迪特利亚；

巴西联邦共和国政府代表

　　费尔南多·科洛尔，

　　弗朗西斯科·雷泽克；

巴拉圭共和国政府代表

　　安德烈斯·罗德里格斯

　　亚历克斯·弗鲁托斯·巴埃斯肯；

乌拉圭东岸共和国政府代表

　　路易斯·阿尔韦托·拉卡列，

埃克托尔·格罗斯·埃斯比尔。

附录（二）

南方共同市场首脑会议及其内容[*]

1991 年 12 月 17 日，巴西，巴西利亚——首次首脑会议。会议期间，四国总统签署了《解决争端的巴西利亚议定书》，通过了关于原产地证书及违反有关规定时采取行政制裁等多项决定。

1992 年 6 月 26 日，阿根廷，拉斯莱尼亚斯——第 2 次首脑会议。会议强调共同市场理事会第 01/1992 号决定批准的"措施时间表"（Cronograma de Medidas）是南方共同市场形成的一个重要里程碑；批准了第 03/1992 号《建立投诉和协商程序的决定》，以协调成员国之间的贸易不平衡问题；重申第 10/1992 号决定的重要性，成员国在与拉美一体化协会谈判时必须尊重共同标准。此外，会议还批准了减少非正规就业、批准"公民、商业、劳工和行政事务合作和司法协助议定书"、批准三年教育计划等决定。

1992 年 12 月 28 日，乌拉圭，蒙得维的亚——第 3 次首脑会议。会议批准第 11/1993 号协议，决定成立农业部长会议；批准了《亚松森条约缔约国总统公报》；决定由共同市场小组行政秘书处负责南方共同市场首脑会议的工作流程。

1993 年 7 月 1 日，巴拉圭，亚松森——第 4 次首脑会议。在"南方共同市场条约"中增加"实行民主体制"条款。会议就确定共同对外关税、减免内部关税和协调成员国宏观经济政策等问题进行了讨论。此次会议还决定建立四国汇率调节机制，实行共同的汇率政策。

---

* 资料来源：http：//gd. mercosur. int/SAM/GestDoc/pubweb. nsf/Reuniones？ReadForm&lang = ESP&id = 16D1009072E9CDEC032573D10052F977。

1994年1月17日，乌持圭，科洛尼亚——第5次首脑会议。此次会议宣布自1994年7月1日起，内部贸易减免75%的关税，以后每半年再减少7个百分点，1994年底基本消除所有关税和非关税壁垒，形成自由贸易区。

1994年8月5日，阿根廷，布宜诺斯艾利斯——第6次首脑会议。会议对创建"南方共同市场商业委员会"的重要性及其结构和运作方式在认识上达成一致，这个政府间机构将对共同商业政策的实施情况进行监督。会议重申已签订的《关于在成员国之间相互承认非技术证书、职称和研究成果的协议》《布宜诺斯艾利斯议定书》《运输危险商品的协议》的重要性；批准《南方共同市场成员国政府为促进和保护投资而对第三国提出的待遇协调一致的协定》《成员国内部人员流动的决议》《关于环境政策的"基本准则"的决议》等。会议提出南方共同市场一体化进程不局限于关税同盟，还将向政治、物质和能源基础设施、通信网络、科技等领域发展。

1994年12月16日，巴西，黑金城——第7次首脑会议。会议宣布南方共同市场自1995年1月1日起正式运行，关税联盟开始生效，实行统一对外关税税率。

1995年8月4日，巴拉圭，亚松森——第8次首脑会议。会议确立了与欧盟建立自由贸易关系的准则，达成了高等教育方面学历互认的文件。

1995年12月6日，乌拉圭，埃斯特角城——第9次首脑会议。会议重申了区域内贸易改革的积极作用，强调宏观经济稳定的重要性，批准了第09/1995号决议，即《1995~2000年南方共同市场行动纲领》，确定了各机构谈判的战略目标。会议强调区域一体化中社会文化－领域合作的重要性，对即将成立的经济和社会协商论坛表示满意。会议重申南方共同市场联合议会委员会（Comisión Parlamentaria Conjunta del MERCOSUR）为实现《亚松森条约》的目标而开展的活动的重要性。

1996年6月24日，阿根廷，布宜诺斯艾利斯——第10次首脑会议。会议审议了联合议会委员会提出的5项建议，指出：推进关于原产地规则的谈判；增加对关于边境合作谈判的重视；优先消除自贸区内的非关税限制；认为现阶段南方共同市场尚不具备实施具有直接适用效果的自动有效性规则的条件；认为议会批准南方共同市场海关法是改善南锥体共同市场关税同盟的决定性步骤。此外，还通过了 3 份文件：第 01/1996 号《关于南方共同市场缔约国之间交通事故中出现的民事责任问题的圣路易斯议定书》、第 02/1996 号《刑事问题法律互助议定书》和第 03/1996 号《南方共同市场–智利经济互补协议》。会议强调建立关税同盟、推进一体化进程的重要性，再次对南方共同市场与智利建立自贸区决定、南方共同市场与玻利维亚就自由贸易问题谈判以及与美洲一体化成员国谈判取得的进展表示认可。会议鼓励加强与中美洲和加勒比地区的接触，以增加与美洲大陆地区的经济和商业关系；强调与欧盟进行经贸合作的重要性，突出双方成功举办混合委员会第一次会议；强调民主对南方共同市场发展的重要性；重视南方共同市场缔约国通过的关于政治对话的总统宣言，以建立政策咨询和磋商机制。会议表达了对新建立的南方共同市场经济和社会协商论坛（Foro Consultivo Económico y Social del MERCOSUR）的赞赏。

1996 年 12 月 16 日，巴西，福塔莱萨——第 11 次首脑会议。会议审议了联合议会委员会的 6 项建议，指出：各成员国将南方共同市场决议纳入本国法律体系的进程应由各国结合自身情况进行；《欧鲁普雷图议定书》所建立的体制结构完全符合《亚松森条约》的规定与各缔约国的法律要求，并能应对关税同盟进程所带来的挑战；南方共同市场的机构可以邀请联合议会委员会国家部门主席参加他们的会议；联合议会委员会可以提出关于反倾销条款的意见，共同市场理事会认为南方共同市场贸易委员会应接受联合议会委员会提出的文件；南方共同市场与欧共体签署的框架协议的有效性取决于成员国议会的批准；南方共同市场民主承诺总统宣言的签署符合联合议会委员会将民主条款纳入一体化进程的建议。

1997 年 6 月 18 日，乌拉圭，亚松森——第 12 次首脑会议。会议审议了关于成员国总统签署 6 月 17 日结束的"政治对话"结果文件的事项。会议审议了联合议会委员会和经济与社会协商论坛的报告：加强南方共同市场在美洲自由贸易区谈判中的地位；由各成员国代表组成的联合议会委

员会加入共同市场小组；与巴西政府第 1569 号临时措施有关的问题；设立宏观经济协调小组（Grupo de Convergencia de Políticas Macroeconómicas）作为事先协商机制。

1997 年 12 月 14 日，乌拉圭，蒙得维的亚——第 13 次首脑会议。会议决定就成员国之间开放服务贸易开始谈判，并讨论制定有关政府采购制度。此次会议期间的重要内容还包括社会保障、汽车贸易、教育等领域的一体化。

1998 年 7 月 23 日，阿根廷，乌斯怀亚——第 14 次首脑会议。此次会议就相互开放电信、交通、金融、能源等领域的服务贸易达成了一致。会议发表《联合公报》，宣布南方共同市场及其联系国为"无大规模杀伤性武器的和平区"，强调民主体制是一体化进程的根本保障。

1999 年 2 月 21 日，巴西，里约热内卢——第 15 次首脑会议。此次会议重点讨论了巴西金融动荡和南方共同市场各国的经济形势并协调了各自立场。会晤后发表了声明，强调南方共同市场现行运行机制有利于寻求解决危机，重申加强自由贸易的原则。

1999 年 6 月 14 日，巴拉圭，亚松森——第 16 次首脑会议。与会的各国元首详细商谈了关于与欧盟进行互惠关税的磋商的战略、推进各国政治改革和民主化进程等内容。会议强调了成员国应该在共同市场的协议框架下制定本国的经济政策、促进整个区域发展目标的实现，同时看到了成立地区货币同盟的必要性。会议继续抢到了地区经济合作的重要意义，深入发展一体化进程，团结合作，将是各国加快实现经济繁荣，提高人民生活水平，同时提升地区经济实力，在现有的国际经济秩序框架内与发达国家相抗衡。在会上，各国明确了与欧盟进行互惠关税的磋商的原则和方式。至于和安第斯共同体谈判，各国也一致认为应将谈判继续进行下去，以成立地跨整个南美的自由贸易区为目标。此外，各国元首还一致对独裁体制表示了抵制和声讨，并认为坚持不懈地推进民主化进程将为经济一体化提供制度保障。

1999 年 12 月 7 日，乌拉圭，蒙得维的亚——第 17 次首脑会议。此次会议发表了联合声明和两份公报，重申实施民主体制是推进南方共同市场一体化发展进程的政治保障和动力；呼吁各成员国克服经济困难，解决贸易摩擦；对西雅图世贸组织部长会议无果而终表示遗憾，决心在新一轮世贸谈判中努力维护发展中国家的权益。

2000 年 6 月 29 日，阿根廷，布宜诺斯艾利斯——第 18 次首脑会议。此次会议决定在 2001 年 3 月之前制定统一的宏观经济政策，并提议建立欧盟"马约"式的货币同盟和解决贸易争端机制，确定相互投资准则及加强社会领域合作的具体协议。

2000 年 12 月 14 ~ 15 日，巴西，弗洛里亚诺波利斯——第 19 次首脑会议。此次会议确定自 2002 年起，各国通胀率控制在 5% 以下（巴拉圭除外），自 2010 年起，各国公债和财政赤字分别控制在 GDP 的 40% 和 3% 以内。会议决定将南方共同市场共同对外关税下调 0.5%。会议就争论已久的汽车贸易达成协议，2001 ~ 2006 年，乌拉圭和巴拉圭两国可对进口汽车征收 23% 的关税，巴西和阿根廷将征收 35% 关税。

2001 年 6 月 21 日，巴拉圭，亚松森——第 20 次首脑会议。会议决定要加强内部协调与合作，以集团形式与美国和欧盟开展自由贸易对话并为此分别成立贸易谈判小组，年底前重新启动与安第斯共同体建立自由贸易区的谈判。会议决定从 2002 年 1 月起降低共同对外关税。2001 年 12 月 15 日成立贸易争端仲裁法庭。

2001 年 12 月 20 日，乌拉圭，蒙得维的亚——第 21 次首脑会议。由于阿根廷爆发危机，总统费尔南多·德拉鲁阿（Fernando De La Rua）辞职，此次首脑会议因阿根廷总统缺席而被迫改为非正式会议，所有原定议题延至下次会议。本次会议仅通过了一项对阿根廷局势表示遗憾、呼吁国际社会对阿根廷提供紧急援助的联合声明。

2002 年 7 月 4 日，阿根廷，布宜诺斯艾利斯——第 22 次首脑会议。墨西哥总统福克斯作为特邀嘉宾首次出席会议。南方共同市场同墨西哥签署了允许成员国单独与墨发展双边自由贸易的框架协议；阿根廷、巴西和乌拉圭三国间就扩大汽车贸易签署了双边协议。会议还责成南方共同市场小组研究将行政秘书处改建成技术秘书处的可能性，并决定将世贸组织中的反倾销条款运用于南方共同市场常设仲裁法庭机制中。

2002 年 12 月 5 日，巴西，巴西利亚——第 23 次首脑会议。会议讨论了南方共同市场加强体制的战略和备选办法，批准第 30/2002 号《将南方共同市场行政秘书处转变为技术秘书处的决议》。会议审查了南方共同市场的外部议程，对象包括美洲玻利瓦尔联盟、欧盟、安第斯共同体、南非、印度、泰国和中美洲及加勒比国家。此外，还提出修订 1980 年蒙得维的亚条约第 50 条关于区域内贸易和行政程序法规的工作；继续完善"关于消除童工"的总统宣言；关注农业问题；协调各国社会指标；落实卫生部长会议的后续工作；协调宏观经济等问题。会议还通过了第 17/2002 号《关于南方共同市场标识的决议》和 32/2002 号《任命南方共同市场行政秘书处主任的决议》。根据政治协商论坛报告（Foro de Consulta y Concertación Política）提出以下内容：指示共同市场小组分析建立关于安全与合作的法律争端解决机制的可行性；提出边境地区的项目应注意保留自然和文化遗产；强调域内和域外经贸合作中应注意文化多元性问题等。

2003 年 6 月 16 日，巴拉圭，亚松森——第 24 次首脑会议。会议就尽早全面建成共同市场的措施和步骤达成共识，并决定根据巴西的建议制定"2006 议程"，确定 2006 年前南方共同市场必须实现建成关税同盟的目标。会议倡议尽快设立贸易争端仲裁法庭以及南方共同市场议会，全方位推进一体化进程。

2003 年 12 月 16 日，乌拉圭，蒙得维的亚——第 25 次首脑会议。会议决定增设常设代表委员会，阿根廷前总统杜阿尔德任委员会主席。他的任务是提出各项建议，协调成员国的经济政策，代表南方共同市场参加国际谈判。南方共同市场四个成员国和联系国智利的领导人与安第斯共同体 5 国的领导人签署了自由贸易协定，旨在加强南美洲贸易一体化和加强两大地区经济组织的经贸关系。本次会议还宣布南方共同市场将接纳秘鲁为第三个联系国。

2004 年 7 月 7 日，阿根廷，伊瓜苏港——第 26 次首脑会议。会议宣布成立南方共同市场的贸易争端仲裁机构——常设审查法庭，其总部设在亚松森；强调各成员国应协调各国的宏观经济政策以实现地区的经济稳定，呼吁实现区域内服务贸易的自由化；并正式提出了要建立"南美洲国家共同体"的目标。

2004 年 12 月 15 日，巴西，贝洛奥里藏特——第 27 次首脑会议。会议决定在 2006 年 12 月 31 日前建立南方共同市场议会，在政治和外交上协调立场，共同行动，维护南方共同市场的整体利益；宣布要正式吸收委内瑞拉、哥伦比亚和厄瓜多尔为联系国，使南方共同市场成为南美洲最大的经济一体化组织；各成员国就取消双重征税及在政府采购招标中给予其成员国企业优先权等方面达成了协议。

2005 年 6 月 18 日，巴拉圭，亚松森——第 28 次首脑会议。此次会议决定设立南方共同市场协调基金（FOCEM），用于资助成员国的教育和基础设施建设项目，以增强南方共同市场小国的竞争力，解决内部发展不平衡问题。会议还决定要实施南美能源输送网络的计划。

2005 年 12 月 9 日，乌拉圭，蒙得维的亚——第 29 次首脑会议。此次会议通过了建立南方共同市场议会和南方共同市场结构协调基金等协议。同时，会议就南美能源合作、投资、南方共同市场内部结构改革、避免双重征税等一系列问题达成了广泛协议。时任中国国家主席胡锦涛的特使、建设部部长汪光焘应邀出席了会议。会议同意吸收委内瑞拉为南方共同市场成员国，使其成员国增加到 5 个。

2006 年 7 月 20 日，阿根廷，科尔多瓦——第 30 次首脑会议。会议评估了一体化进程，特别强调关于改善自由贸易和关税同盟的领域，认为需要采取措施促进自贸区内的资本自由流动，并确定适当的框架，以便能够在合作伙伴之间更公平地分配对该区域的投资。会议指出本季度是执行消除共同对外关税双重征收的第一阶段。对外关系方面，庆祝与古巴缔结经济补充协定并与巴基斯坦签署框架协议，同时关注与以色列谈判签署自由贸易协定方面取得的进展。审议了年度召开的各领域部长级会议成果。

2006 年 12 月 15 日，巴西，巴西利亚——第 31 次首脑会议。会议审议了南方共同市场在实施《亚松森条约》第一项条款的现状，强调协调区域内宏观经济政策的重要性。对 2006 年 7 月由社会发展部门会议达成的"社会行动战略计划"表示赞同。强调"区域生产一体化和发展计划"的重要性。讨论了关于玻利维亚和委内瑞拉加入南方共同市场的问题。批

准了《建立生物燃料特别工作组的谅解备忘录》《南方共同市场成员国间海关合作、信息交流、数据咨询与相互协助协议》等文件。

2007 年 1 月 18 日，巴西，里约热内卢——第 32 次首脑会议。各成员国在会后发表了联合声明，强调要营造更加公平的内部贸易环境，把降低各成员国间经济的非对称性作为今后工作的重心。与会领导人均主张消除分歧，加强团结，继续推进地区一体化进程，共同应对全球化带来的挑战。

2007 年 6 月 17 日，巴拉圭，亚松森——第 33 次首脑会议。讨论了与南方共同市场现状相关的问题，提出应继续致力于解决由于区域内不平衡导致的问题、促进自由流动和市场准入的便利化；审议了与 FOCEM 相关的内容；听取了南方共同市场议会主席的报告、南方银行的进展、年内召开的经济和社会咨询论坛（FCES）以及多个部长会议的成果；总结了与外部发展的关系。通过了《关于商品海关估价的申请标准》《关于进口制度的特别决定》等文件。

2007 年 12 月 17 日，乌拉圭，蒙得维的亚——第 34 次首脑会议。与会七国领导人呼吁加强地区一体化进程。此次会议还强调了制度改革和海关代码等内容。各成员国重申推动区域经济一体化深入发展的意愿，反对外国干涉地区的内部事务。

2008 年 6 月 30 日，阿根廷，图库曼——第 35 次首脑会议。此次会议通过声明，强调将继续推动地区一体化进程，并强烈谴责欧盟的新移民法案。南方共同市场成员国贸易将弃用美元。会议还重点讨论了区域经济一体化建设及国际能源和粮食危机等问题。

2008 年 12 月 15 日，巴西，绍伊皮海岸——第 36 次首脑会议。会议对南方共同市场的行动进行了评估，包括支持中小微企业基金、消除征收双重关税、设立社会事务部长协调委员会等内容。回顾南方共同市场与外界的关系：多哈回合谈判、南方共同市场与南非关税同盟的贸易协定。听取了南方共同市场常设代表委员会（CRPM）、南方共同市场议会、经济社会协商论坛（FCES）、常设审查法院秘书处等的工作。此外，会议还提及了经济部长会议和中央银行行长会议、教育部长会议、卫生部长会议、内政部长会议、司法部长会议、环境部长会议、文化部长会议、旅游部长会议等的工作结果。

2009 年 7 月 12 日，巴拉圭，亚松森——第 37 次首脑会议。会议发表声明谴责洪都拉斯政变，宣布不承认洪都拉斯临时政府及其举行的任何选举。会议还讨论了应对国际金融危机、取消双重征税及区内贸易壁垒、地区统一货币、加强南方共同市场建设、甲型 H1N1 流感等议题。

2009 年 12 月，乌拉圭，蒙得维的亚——第 38 次首脑会议。各国重点围绕加强南方共同市场建设、推动与欧盟签署自贸协定等议题进行了讨论。

2010 年 8 月 2 日，阿根廷，圣胡安——第 39 次首脑会议。在此次会议上，成员国通过了《共同关税条例》，并就取消双重征税、加强基础设施一体化、加快与欧盟商签自贸协定等议题达成一致。

2010 年 12 月，巴西，伊瓜苏——第 40 次首脑会议。会议发表了共同声明，成员国签署了一系列旨在进一步强化南方共同市场各国经济和社会一体化的合作文件。

2011 年 6 月 28 日，巴拉圭，亚松森——第 41 次首脑会议。各国讨论了宏观经济协调、货物自由流通、基础设施和科研一体化等议题，发表了联合声明。

2011 年 12 月 18 日，乌拉圭，蒙得维的亚——第 42 次首脑会议。各国对委内瑞拉和厄瓜多尔加入南方共同市场、加强贸易保护措施、加大区内外贸易合作等议题进行了讨论并发表联合声明。

2012 年 6 月 28 日，阿根廷，门多萨——第 43 次首脑会议。此次会议通过并发表《中华人民共和国与南方共同市场关于进一步加强经济、贸易合作联合声明》，就加快经济一体化进程等议题进行讨论并发表联合声明。会议宣布暂时中止巴拉圭成员国资格、同意接纳委内瑞拉为正式成员国。

2012 年 12 月 5 日，巴西，巴西利亚——第 44 次首脑会议。会议接纳玻利维亚为第六个成员国，并就金融合作、社会、科技一体化等议题进行讨论并发表联合声明，特别强调将加强与中国和欧盟的关系。会议决定继续暂停巴拉圭成员国资格。

2013 年 7 月 11 日，乌拉圭，蒙得维的亚——第 45 次首脑会议。此次会议就巩固关税同盟、深化一体化进程等进行讨论并发表共同声明，决定在巴拉圭总统卡特斯 8 月正式就职后恢复该国成员国身份。南方共同市场还宣布在非洲设立联合商务处，推进与欧亚关税同盟商签经贸合作协议等。南方共同市场接受厄瓜多尔加入的正式申请，接纳苏里南、圭亚那为联系国，从而实现将南方共同市场的势力范围向南美洲的北部边缘延伸。同时，南方共同市场宣布将申请成为中美洲一体化体系观察员、致力于与欧亚关税同盟商签经贸合作协定，并于 2013 年第四季度前与欧盟就下一步自由贸易协定谈判完成条件交换。

2014 年 7 月 28 日，委内瑞拉，加拉加斯——第 46 次首脑会议。此次会议围绕促进包容性和可持续发展、加强地区经贸合作、推进地区一体化进程等进行讨论并发表共同声明。此外，还就南方银行、推动建立南方共同市场 - "美洲玻利瓦尔联盟" - "加勒比石油计划" - 加勒比共同体互补经济区、阿根廷主权债务重组、未成年移民权利、加沙地区局势等发表特别声明。

2014 年 12 月 15 日，阿根廷，巴拉那——第 47 次首脑会议。此次会议就扩大区内外贸易、深化地区一体化、推动地区外向型发展、与欧盟进行自由贸易协定谈判等议题展开讨论，研究接纳玻利维亚为成员国的法律程序和技术性问题，发表《南方共同市场成员国总统联合公报》《南方共同市场成员国和联系国总统联合公报》等成果文件，同黎巴嫩、突尼斯就深化双方经贸关系签署合作协议。峰会就美古开启关系正常化进程向古巴人民和政府表示祝贺。

2015 年 7 月 16 日，巴西，巴西利亚——第 48 次首脑会议。会议就南方共同市场扩员、应对经济挑战、便利区内贸易、推进与欧盟自由贸易协定谈判等议题达成共识，发表《南方共同市场成员国总统联合公报》《南方共同市场成员国和联系国联合公报》等成果文件，接纳玻利维亚为该组织第六个成员国，决定在半年内就取消关税和非关税壁垒制定行动计划，将结构协调基金（FOCEM）展期 10 年。峰会就马岛问题发表特别声明，谴责英国单方面在马岛附近海域进行石油勘探作业，敦促英国与阿根廷尽早重启有关谈判。

2015 年 12 月 20 日，巴拉圭，亚松森——第 49 次首脑会议。委内瑞拉总统马杜罗缺席此次会议。会议发表联合公报和对外关系、人权、难民及马岛问题等 4 份特别声明，决定继续深化南方共同市场一体化，成立边境一体化工作组；促进共同发展，保障社会民生；加强民主体制，维护人权；协调网络信息安全政策；推动与欧盟互换减免关税商品清单，尽早与太平洋联盟举行高级别会议。

2017 年 7 月 20 日，阿根廷，门多萨——第 50 次首脑会议。委内瑞拉总统马杜罗缺席。会议就促进区内投资便利化、推动与欧盟签署自贸协定、加强与太平洋联盟联系、扩大同亚太国家对话合作等议题展开讨论，并就委内瑞拉局势发表声明，呼吁委朝野双方通过对话解决政治危机。会议还发表联合公报和关于气候变化、基础设施建设、可持续发展等特别声明，并签署该组织同哥伦比亚经济互补协定升级协议。

2017 年 12 月 20 日，巴西，巴西利亚——第 51 次首脑会议。巴西、阿根廷、乌拉圭、巴拉圭及联系国玻利维亚、圭亚那总统出席，委内瑞拉总统马杜罗缺席。会议就促进区内贸易投资便利化、扩大对外经贸合作、推动与欧盟签署自贸协定、加强同太平洋联盟联系、敦促委内瑞拉尊重民主人权等议题展开讨论，发表《南方共同市场成员国和玻利维亚总统联合公报》等成果文件，并签署《南方共同市场公共采购议定书》。

2018 年 6 月 17 日，巴拉圭，亚松森——第 52 次首脑会议。巴西、乌拉圭、巴拉圭总统、阿根廷、玻利维亚副总统、智利外长等成员国及联系国代表出席。会议就应对委内瑞拉和尼加拉瓜局势、推进同欧盟自由贸易协定谈判等议题进行讨论。会后，乌拉圭正式接任轮值主席国。乌拉圭外长表示，乌拉圭任内将推动南方共同市场重启同中国对话，并将加强同新加坡、印尼、东盟、欧亚联盟等伙伴贸易磋商。

2018 年 12 月 17 日，乌拉圭，蒙得维的亚——第 53 次首脑会议。乌拉圭、阿根廷、巴西、巴拉圭总统及联系国玻利维亚总统和智利外长出席。此次会议讨论的主题涉及刑事法律互助、高等教育资格认定、共同市场理事会工作方案、地区经济融合和民主政治等。

中华人民共和国与南方共同市场关于进一步加强经济、贸易合作联合声明

（2012 年 6 月 29 日　门多萨）

中华人民共和国（"中国"）和南方共同市场（"南方共同市场"）强调中国与南方共同市场开展经贸合作对推动各自经济发展中所发挥的重要作用，本着巩固经济关系的意愿，承诺在互利的基础上深化和加强合作。

双方对当前因发达经济体自身危机而引发的世界经济形势的不确定性和不稳定性表示关注，将共同应对贸易保护主义，特别是农业领域的保护主义，确保多边贸易体系的可预测性。

为此发表声明如下：

一、中国和南方共同市场重视并将继续推动双方在经贸领域的合作，将共同采取措施，实现贸易结构多元化，并以平衡的方式提高中国与南方共同市场各成员国间的贸易额，力争使中南双边贸易额于 2016 年达到 2000 亿美元。

二、双方认为，双向投资是促进经贸关系发展的重要手段，将为相互间投资提供良好环境。

三、双方强调融资在双边贸易和创造就业的生产型投资中所发挥的重要作用，将寻求推动旨在提升各自金融机构能力的合作。

四、双方将加强在涉及经贸领域合作的各种法律、法规和政策的信息交流。

五、双方将加强在多边贸易体系内的合作，对多哈回合面临的困境表示担忧，一致认为有必要重申发展授权并继续谈判，推动取得考虑发展中国家利益和需求，尤其在农业领域的利益和需求的雄心的、全面的和平衡

的协议。

六、为推进上述目标，双方同意召开一次中国和南方共同市场政府代表会议，并提出下列措施：

（一）加强政府和组织在促进经贸合作中的作用。

（二）推动互派经贸团组和参加双方举办的贸易投资展览、展会，并为此提供便利。

（三）通过举办有关培训班和研讨会，培训政府官员、各领域专家和技术人员，加强双方在能力建设领域的交流与合作；

（四）共同探讨通过机制和行动来增加并便利贸易交流以便落实本声明所设目标和行动。

二〇一二年六月二十九日

参考文献

一 中文文献

1.中文著作

陈芝芸等:《拉丁美洲对外经济关系》,社会科学文献出版社,2007。

方幼封、曹珺:《漫漫探索路:拉丁美洲一体化的尝试》,学林出版社,2000。

〔德〕克敏、牛海彬:《中国、欧盟与拉丁美洲:当前议题与未来合作》,上海人民出版社,2011。

李明德、宋晓平主编《一体化:西半球区域经济合作》,世界知识出版社,2001。

林华、王鹏、张育媛编著《列国志·拉丁美洲和加勒比地区国际组织》,社会科学文献出版社,2010。

宋晓平等:《西半球区域经济一体化研究》,世界知识出版社,2001。

苏振兴主编《拉丁美洲的经济发展》,经济管理出版社,2000。

王萍:《走向开放的地区主义——拉丁美洲一体化研究》,人民出版社,2005。

吴国平主编《21 世纪拉丁美洲经济发展大趋势》,世界知识出版社,2002。

徐宝华、石瑞元:《拉丁美洲地区一体化进程——拉丁美洲国家进行一体化的理论和实践》,社会科学文献出版社,1996。

周志伟:《南方共同市场运行十周年回顾及展望》,载《拉丁美洲黄皮书（2004～2005年）》，社会科学文献出版社，2005。

2.中文文章

曹囡：《拉丁美洲发展主义理论简述——普雷维什的结构主义》，《社会观察》2004年第5期。

陈志阳：《拉丁美洲和亚太区域经济合作新动向》，《拉丁美洲研究》2012年第6期。

方幼封：《南方共同市场的成就和问题》，《拉丁美洲研究》1995年第1期。

贺双荣：《欧盟与拉美的关系》，《拉丁美洲研究》2000年第4期。

李向阳：《区域经济合作中的小国战略》，《当代亚太》2008年第3期。

刘俊：《南方共同市场与欧盟近期贸易自由谈判的进展》，《拉丁美洲研究》2002年第4期。

王翠文：《地区间主义视角下欧盟与南方共同市场的合作》，《南开学报》（哲学社会科学版）2016年第6期。

王国顺、刘洋：《南方共同市场贸易创造和贸易转移效应分析》，《企业家天地月刊》2005年第12期。

王萍：《南方共同市场的形成及其对中国的影响》，《拉丁美洲研究》1995年第1期。

王萍：《南方共同市场的发展、作用及面临的挑战》，《拉丁美洲研究》1998年第1期。

王萍：《南方共同市场与欧盟合作的战略关系分析》，《现代国际关系》2005年第5期。

王淄：《委内瑞拉加入南方共同市场的曲折进程及前景展望》，《当代世界》2012年第5期。

尚德良：《南方共同市场的发展及其影响》，《国际资料信息》2000年第11期。

石瑞元：《南方共同市场的合作机制和发展趋势》，《拉丁美洲研究》1995年第6期。

吴缙嘉:《拉美和加勒比地区一体化路径考——基于南方共同市场和拉美太平洋联盟的比较研究》,博士学位论文,中国社会科学院研究生院,2016。

杨清:《对南方共同市场崛起的几点思考》,《拉丁美洲研究》1998年第 1 期。

张宝宇:《阿、巴关系与南方共同市场》,《拉丁美洲研究》1991 年第 5 期。

张建:《地区主义与拉丁美洲一体化——以南方共同市场为例》,硕士学位论文,上海国际问题研究所,2008。

张勇:《建立美洲自由贸易区的构想和最新发展》,《拉丁美洲研究》2006 年第 1 期。

张志儒:《南方共同市场服务原产地规则研究》,硕士学位论文,西南政法大学,2013。

周宝根:《经济一体化对地区安全的影响——以南方共同市场为例》,《太平洋学报》2010 年第 18 期。

周志伟:《当前拉丁美洲一体化现状及陷入困境的原因》,《拉丁美洲研究》2007 年第 5 期。

曾昭耀:《新地区主义与中拉关系的前景》,《拉丁美洲研究》1997年第 3 期。

左品:《南方共同市场货币一体化进程与前景分析》,《拉丁美洲研究》2010 年第 2 期。

左品:《南方共同市场经济一体化研究》,博士学位论文,南京大学,2011。

二 外文文献

1.外文著作

Antoni Estevadeordal, etc. , *Integrating The Americas*: *FTAA and Beyond*, Cambridge: Harvard University Press, 2004.

Blyde, J. , Fernández-Arias, E. , and Giordano, P. , *Deepening*

Integration in Mercosur: Dealing with Disparities, Washington, DC: IDB, 2008.

Botto, Inchauspe & Perrotta, *El Mercosur,¿ para Quésirve? Claves para el Debate sobre los Alcances de la Integración*, Buenos Aires: Ediciones FLACSO/CTA, 2001.

Bulmer-Thomas, V. , *The Economic History of Latin America since Independence*, 2nd edition, New York: Cambridge University Press, 2003.

Christopher J. Rosin, *The Political Economy of Mercosur: Local Knowledge and Responses to a Competitive Market*, Madison: University of Wisconsin-Madison, 2004.

ECLAC, *Open Regionalism in Latin America and the Caribbean*, Santiago: ECLAC Publication, 1994.

Fabio Giambiagi, *Mercosur: Why does Monetary Make Sense in the Long Term? Montary Union in South America Lessons from EMU*, Massachusetts: Edward Elgar Publishing, Inc. , 2003.

Francesco Duina, *The Social Construction of Free Trade: The European Union, NAFTA, and Mercosur*, Princeton: Princeton University Press, 2006.

Gustavo Magariños, *Integración Multinacional: Teoría y Sistemas. Asociación Latinoamericana de Integración*, Universidad ORT, Uruguay, 2000.

Heinz G. Preusse, *The New American Regionalism*, Massachusetts: Edward Elgar Publishing, Inc. , 2003.

Jeffrey W. Cason, *The Political Economy of Integration: The Experience of Mercosur*, New York: Routledge, 2011.

Jorge R. J. & Mariño Fages, *La Supranacionalidad en Los Procesos de la Integración Regional*, Buenos Aires, Argentina: Mave, 1999.

María Paz Diez Nieto, *Perspectivas del Nuevo Regionalismo Latinoamericano desde el Enfoque de los Acuerdos Sur-Norte: Análisis de la Experiancia Mexicano*, Madrid: Universidad Complutense de Madrid, 2010.

Medeiros Martins Santos, Angela Maria, and Caio Márcio Avila Pinhão,

Overview of the Auto Parts Sector, Brasilia: Banco Nacional de Desenvolvimento, May 1999.

Peter Coffey, *Latin America-Mercosur*, Massachusetts: Kluwer Academic Publishers, 1998.

Philip Arestis and Luiz Fernando de Paula, *Monetary Union in South America: Lessons from EMU and Mercosur*, Massachusetts: Edward Elgar Publishing, Inc. , 2003.

Riordan Roett, *Mercosur: Regional Integration*, *World Markets*, London: Lynne Rienner Publishers, 1999.

2.外文文章

Aguerre, María Julia and Ignacio Arboleya, " Estrategia Para un MERCOSUR Ciudadano," Gerardo Caetano (ed.) *La Reforma Institucional del MERCOSUR: del Diagnóstico a las Propuestas*, Montevideo: CEFIR, Ediciones Trilce, 2009.

Alexander J. Yeats, "Does Mercosur's Trade Performance Raise Concerns about the Effects of Regional trade Arrangements?" *The World Bank Economic Review*, Vol. 12, No. 1, January 1998.

Alejandro D. Jacobo & BarraudAriel A. , Mercosur: Un Análisis Empírico desde el Comercio Exterior, *Cuadernos de CC. EE. y ee.* , No. 64, 2013. p. 6.

Alfonsín Raúl, "La Integración Sudamericana: Una Cuestión Política," *Síntesis FUALI*, Vol. 9, No. 24, 2001.

Amorim, Celso, "Conceitos e Estratégias da Diplomacia do Governo Lula," *Diplomacia*, *Estratégia*, *Política*, Vol. 1, No. 1, 2004, p. 41 – 48.

Andres Malamud, "Mercosur Turns 15: Between Rising Rhetoric and Declining Achievement," *Cambridge Review of International Affairs*, Vol. 18, No. 3, October 2005.

Andy Klom, "Mercosur and Brazil: A European Perspective," *International Affairs*, Vol. 79, No. 2, 2003.

Ariel M. Viale, James W. Kolari, Nikolai V. Hovanov and Mikhail

V. Sokolov, "Computing and Testing a Stable Common Currency for Mercosur Countries," *Journal of Applied Economics*, Vol. XI, No. 1, May 2008.

Benedict Mander, "Uruguayans Lose Faith in Mercosur Trade Pact Montevideo Suspects it Would be Better off Improving Ties with the US," *Financial Times*, March 21, 2006.

Biggs, G., "El Procedimiento de la Solución de Controversias en la OMC. La Experiencia de Latinoamérica y el Caribe," *Revista de la CEPAL*, No. 86, Agosto 2005.

Blázquez-Lidoy, J., Rodríguez, J., and Santiso, J., "Angel or Demon? China's Trade Impact on Latin American Countries," *CEPAL Review*, No. 90, 2006.

Caetano, G., "Integración Regional y Estrategias de Reinserción Internacional en América del Sur Razones para la Incertidumbre," *Revista Nueva Sociedad*, No. 219, enero-febrero 2009.

Carlos Ricardo Caichiolo, "The Mercosur Experience and Theories of Regional Integration," *Contexto Internacional*, Vol. 39, No. 1, Jan/Apr 2017, pp. 117 – 135.

Carvalho, A., and A. Parente, "Trade Impact of the Free Trade Area of the Americas," In *Brazil, MERCOSUR and the Free Trade Area of the Americas*, Brasília: IPEA, 2000.

Cepaluni, Gabriel, Karina L. Pasquariello Mariano, and Marcelo Passini Mariano, "Preserving Domestic Autonomy: Weak Migration Laws and the Mercosur Strategy of Limited Integration," *Latin American Geopolitics*, 2019.

Chudnovsky D, López A., "Transnational Corporations'Strategies and Foreign Trade Patterns in MERCOSUR Countries in the 1990s," *Cambridge Journal of Economics*, 2004, Vol. 28, No. 5, pp. 635 – 652.

Daniel Chudnovsky and Fernando, "On Argentine-Brazilian Economic integration," *CEPAL Review* No. 39, 1989.

Daniel Amicci, "Mercosur y la Identidad Regional," *Iberoamérica*, No. 4, 2012.

Devlin, R., and Estevadeordal, A., "What is New in the New Regionalism in the Americas?" *INTAL Working Paper*, No. 6, 2001.

Dur, A. & Mateo Gonzalez, G., "¿ Más Hombres Ciegos y Más Elefantes? Una Revisión de la Literatura Más Reciente Sobre la Integración Europea, Instituto de Ciénces Politiques y Socials, " *Documento de Trabajo*, No. 233, Universidad Autónoma de Barcelona, 2004.

Estevadeordal, A., Shearer, M., and Suominen, K., "Multilateralizing RTAs in the Americas: State of Play and Ways Forward," presented at the *Conference on Multilateralising Regionalism*, WTO and CEPR, Geneva, September10 – 12, 2007.

Ethier, W., "The New Regionalism," *Economic Journal*, No. 108, 1998.

Fernando Lorenzo, Marcel Vaillant, "Mercosur and the Creation of the Free Trade Area of the Americas," *Woodrow Wilson Center Reports on the Americas*, No. 14, 2003.

Fernando Ferraii-filho, "Why does It not Make Sense to Create a Monetary Union in Mercosur? A Keynesian Alternative Proposal," *Journal of Post Keynesian Economics*, Vol. 24, No. 2, Winter 2001 – 2002.

Gabriela Mancero-Bucheli, "Anti-Competitive Pratices by Private Undertakings in Ancom and Mercosur: An Analysis from the Perspective of EC Law," *The International and Comparative Law Quaracterly*, Vol. 47, No. 1, January 1998 .

Gian Luca Gardini, "Two Critical Passages on the Road to Mercosur," *Cambridge Review of International Affairs*, Vol. 18, No. 3, October 2005.

Gianmarco I. P. Ottaviano, "Deepening Integration of MERCOSUR: Dealing with Disparities," *IDB Report*, 2008.

Grimson, Alejandro, "Fronteras, Migraciones y Mercosur," *Apuntes de*

Investigación del CECYP, No. 7, 2019.

Heinz GPreusse. "Mercosur: Another Failed Move Towards Regional Intergation?" *International Affairs*, Vol. 79, No. 2, 2003.

Ignacio Bartesaghi, "La Evolución del Comercio Intrarregional en el MERCOSUR, 2012. 12, Informe Preparado Para la Secretaria Administrativa: Participación de la Sociedad Civil y Gobiernos Subnacionales en el MERCOSUR," http://www. ciu. com. uy/innovaportal/file/494/1/la _ evolucion_ del_ comercio. pdf.

José Manuel García de la Cruz, Javier Lucena, Angeles Sáncehz y Daniel Gayo, "La Integración Productiva en MERCOSUR: Orientaciones para la Unión Europea," *Serie Avances de Investigación*, No. 41, Madrid: CeALCI Fundación Carolina, 2010.

Juan Alberto Fuentes, "Open Regionalism and Economic Integration," *CEPAL Review*, No. 53, August 1994.

Juan Ernesto Trejo, "La Diversidad no Impide Tener Objetivos Compartidos-Entrevista a Vanessa Rubio Márquez, Subsecretaria para América Latina y el Caribe de la Secretaría de Relaciones Exteriores de México," *Foriegn Affairs Latinoamérica*, 2014.

Karen L. Remmer, "Does Democracy Promote Interstate Cooperation? Lessons from the Mercosur Region," *International Studies Quarterly*, Vol. 42, No. 1, 1998.

Kathryn Sikkink, "The Influence of Raul Prebisch on Economic Policy-Making in Argentina, 1950 – 1962," *Latin American Research Review*, Vol. 23, No. 29, 1988.

Luigi Manzetti, "The Politiacal Economy of Mercosur," *Journal of Inter-american Studies and World Affairs*, Vol. 35, No. 4, Winter 1993.

Mahrukh Doctor, "Why Bother with Inter-Regionalism? Negotiations for a European Union-Mercosur Agreement," *Journal of Common Market Study*, Vol. 45, No. 2, 2007, p. 285.

Malamud, Andrés, "Presidentialism and Mercosur: A Hidden Cause for a Successful Experience," *Comparative Regional Integration*, New York: Routledge, 2018.

Manzetti, L. , "Argentine-Brazilian Economic Integration: An Early Appraisal," *Latin American Research Review*, Vol. 35, No. 4, 1990.

Marcelo Olarreaga and Isidro Soloaga, "Endogenous Tariff Formation: The Case of Mercosur," *The World Bank Economic Review*, Vol. 12, May 1998.

Marcelo Ostria Trigo, Alianza del Pacífico: "¿Otra oportunidad perdida para Bolivia?", *América Economía*, 5 de septiembre 2012, http://www. americaeconomia. com/analisisopinion/alianza – del – pacifico – otra – oportunidad – perdida – para – bolivia

María Esther Morales y Leobardo de Jesús Almonte, "¿Un Nuevo Intento a la Integración Latinoamericana? México y la Alianza del Pacífico," *Regionalismo y Desarrollo*, Vol. 7. No. 14, 2012.

Mercedes Botto, "La Dimensión Subnacional en los Procesos de Integración Regional: Un Análisis a Partir de la Experiencia del Mercosur," *Documento Trabajo PIEI/FLACSO*, N°64, 2011, http://rrii. flacso. org. ar/Doc/la – dimension – subnacional – en – los – procesos – de – integracion – regional – un – analisis – a – partir – de – la – experiencia – del – mercosur/

Michael Mecham, "Mercosur: A Failing Development Project?" *International Affairs*, Vol. 79, No. 2, 2003.

Mikhail Mohammeddinov, "Consideraciones Geoestratégicas de la Integración Europea y Sudamericana: Una Confirmación de Supuestos Neorrealistas," *POLIS*, Vol. 2, 2006.

Moncarz, P. , Olarreaga, M. , & Vaillant, M. , "Regionalism as Industrial Policy: Evidence from Mercosur," *Review of Development Economics*, Vol. 20, No. 1, 2016.

Paiva Abreu, M. , "Política Comercial Brasileira: Limites e

Oportunidades," *O Desafio das Exportações Brasileiras oragnizadores*, edited by A. Pinheiro, R. Markwald, and L. Pereira, Rio de Janeiro: BNDES, 2002.

Phillips, N. , "Hemispheric Integration and Subregionalism in the Americas," *International Affairs*, Vol. 79, No. 2, 2003.

Raul DE Gouvea Neto, "Mercosur: Fostering Regional Economic Integration," *Thunderbird International Business Review*, Vol. 40, No, 6, November/December 1998.

RauL Emilio Vinuesa, "The Mercosur Settlement of Disputes Sustem," *The Law and Practice of International Courts and Tribunals*, No. 5, 2006.

Salgado, G. , "El Mercado Regional Latinamericano: el Proyecto y la Realidad", *CEPAL Review*, No. 7, 1979.

Sean W. Burges, "Without Sticks or Carrots: Brazilian Leadership in South America during the Cardoso Era, 1992 - 2003," *Bulletin of Latin American Research*, Vol. 25, No. 1, 2006.

SELA, "Evolución del Mercado Común del Sur, noviembre de 2014," *Impreso en la Secretaría Permanente del SELA*, Caracas, Venezuela, http: // www. sela. org/media/264703/t023600006230 - 0 - di _ 8 _ evolucion _ mercosur. pdf.

Sergio Caballero, "El proceso de Integración del MERCOSUR a Través de las Teorías de la Integración Regional," *CEFIR*, 2011, p. 28.

Werner Baer, "Import Substitution and Industrialization in Latin America: Experiences and Interpretations," *Latin American Research Review*, Vol. 7, No. 1, Spring 1972.

Werner Baer, Tiago Cavalcanti and Peri Silva, "Economic Integration without Policy Coordination: the Case of Mercosur," *Emerging Markets Review*, No. 3, 2002.

Yeats, A. , "Does Mercosur's Trade Performance Raise Concerns about the Effects of Regional Trade Arrangements?" *World Bank Policy Research Working Paper*, No. 1729, Washington DC, 1997.

索　引

国别区域与全球治理数据平台

www.crggcn.com

"国别区域与全球治理数据平台"（Countries，Regions and Global Governance，CRGG）是社会科学文献出版社重点打造的学术型数字产品，对接国别区域这一重点新兴学科，围绕国别研究、区域研究、国际组织、全球智库等领域，全方位整合基础信息、一手资料、科研成果，文献量达30余万篇。该产品已建设成为国别区域与全球治理数据资源与研究成果整合发布平台，可提供包括资源获取、科研技术服务、成果发布与传播等在内的多层次、全方位的学术服务。

从国别区域和全球治理研究角度出发，"国别区域与全球治理数据平台"下设国别研究数据库、区域研究数据库、国际组织数据库、全球智库数据库、学术专题数据库和学术资讯数据库6大数据库。在资源类型方面，除专题图书、智库报告和学术论文外，平台还包括数据图表、档案文件和学术资讯。在文献检索方面，平台支持全文检索、高级检索，并可按照相关度和出版时间进行排序。

"国别区域与全球治理数据平台"应用广泛。针对高校及国别区域科研机构，平台可提供专业的知识服务，通过丰富的研究参考资料和学术服务推动国别区域研究的学科建设与发展，提升智库学术科研及政策建言能力；针对政府及外事机构，平台可提供资政参考，为相关国际事务决策提供理论依据与资讯支持，切实服务国家对外战略。

数据库体验卡服务指南

※100元数据库体验卡，可在"国别区域与全球治理数据平台"充值和使用

充值卡使用说明：
第1步 刮开附赠充值卡的涂层；
第2步 登录国别区域与全球治理数据平台（www.crggcn.com），注册账号；
第3步 登录并进入"会员中心"→"在线充值"→"充值卡充值"，充值成功后即可使用。

声明

最终解释权归社会科学文献出版社所有

客服 QQ：671079496
客服邮箱：crgg@ssap.cn

卡号：652889738311
密码：

欢迎登录社会科学文献出版社官网（www.ssap.com.cn）和国别区域与全球治理数据平台（www.crggcn.com）了解更多信息

图书在版编目（CIP）数据

南方共同市场／王飞著．－－北京：社会科学文献
出版社，2019.10
（国际组织志）
ISBN 978 - 7 - 5201 - 5698 - 1

Ⅰ.①南…　Ⅱ.①王…　Ⅲ.①共同市场 - 区域经济一
体化 - 研究　Ⅳ.①F114.46

中国版本图书馆 CIP 数据核字（2019）第 222497 号

· 国际组织志 ·
南方共同市场

著　　者／王　飞

出 版 人／谢寿光
项目统筹／张晓莉
责任编辑／郭白歌

出　　版／社会科学文献出版社 · 国别区域与全球治理出版中心（010）59367200
　　　　　　地址：北京市北三环中路甲 29 号院华龙大厦　邮编：100029
　　　　　　网址：www. ssap. com. cn
发　　行／市场营销中心（010）59367081　59367083
印　　装／三河市尚艺印装有限公司

规　　格／开本：787mm × 1092mm　1/16
　　　　　　印 张：12.75　字 数：192 千字
版　　次／2019 年 10 月第 1 版　2019 年 10 月第 1 次印刷
书　　号／ISBN 978 - 7 - 5201 - 5698 - 1
定　　价／79.00 元